Nach einer Idee von Annette Maas.

DR. ANGELIKA HUBER-JANISCH wuchs in einem kleinen oberbayerischen Dorf auf und lebt heute mit ihrem Mann in der Nähe von Landshut. Die Leidenschaft fürs Schreiben hat sie auch nach ihrem Biologiestudium nie losgelassen. Seit über 20 Jahren schreibt sie Artikel für verschiedene Zeitschriften. 2010 wurde sie mit dem Deutschen Preis für Naturjournalismus, Sonderpreis »Der Wilde Rabe«, für Veröffentlichungen in Kinder- und Jugendmedien ausgezeichnet.

»Für Michael, mein ein und alles!
Für Uki und die blühenden Wiesen unserer Kindheit.«

ANNETTE ZACHARIAS lebt und arbeitet als freiberufliche Designerin in Barth. Als Freelancerin sowie im Agenturalltag entstanden neben Illustration und konzeptioneller Entwurfsarbeit: Logos, Webseiten, CI, Storyboards, Fotografien, Bühnenbilder und klassische Produkte. Die Vermittlung von Gestaltung liegt ihr sehr am Herzen, ob für Studierende im Rahmen von Lehraufträgen oder als fächerübergreifende Projekte an Schulen oder anderen Bildungseinrichtungen.

»Für Mara.«

Originalausgabe

Ein Unternehmen der Média-Participations

Lektorat: Elisabeth Leuthardt, Knesebeck Verlag
Umschlaggestaltung: Annette Zacharias
Satz & Herstellung: Arnold & Domnick, Leipzig
Druck: PNB Print Ltd
Printed in Latvia

ISBN 978-3-95728-531-7

www.knesebeck-verlag.de

FSC www.fsc.org
MIX
Papier aus verantwortungsvollen Quellen
FSC® C084698

Die Wildwiese

Die Vielfalt einer verborgenen Welt entdecken

Angelika Huber-Janisch
Annette Zacharias

KNESEBECK

Inhaltsverzeichnis

Die Wildblumenwiese: Bunt und voller Leben!

Kennt ihr etwas Schöneres, als durch eine bunte, duftende Wiese zu streifen? Umschwirrt von zarten Schmetterlingen, dicken Hummeln und leuchtend grünen Grashüpfern die bunte Blumenpracht zu bestaunen, die sich vor euren Füßen ausbreitet? Und es dabei fröhlich brummen und zwitschern, zirpen und zilpen, flattern und rascheln zu hören? Das ist doch Lebensfreude und gute Sommerlaune pur, oder? Diese blühenden Paradiese gibt es, seit es uns Menschen gibt. Vermutlich auch schon länger – mindestens aber so lange, seit es auf der Erde große, Pflanzen fressende Säugetiere gibt. Wuchtige Tiere, die durch ihren großen Hunger auf das knackig saftige Grün von jungen Sträuchern und Bäumen Flächen offen hielten, indem sie alles wegknabberten, was ihnen vor die wilden Zähnchen kam. Und damit verhinderten, dass die Gehölze Oberhand gewinnen konnten und die Wiesen irgendwann von dichtem Wald bedeckt worden wären. Dass sie »verbuschen« würden, wie Wissenschaftler sagen. An diese Grünflächen kommen Sonne und Licht gut heran – beste Voraussetzungen, dass auf ihnen zarte Blümchen und Gräser gedeihen können.

Die Weidetätigkeit der Wildtiere hat im Lauf der Menschheitsgeschichte weitgehend der Mensch übernommen: durch gelegentliches Mähen der Wiesen, also regelmäßiges Abschneiden der Halme und Stängel in ihr. Vor allem, weil er das Heu als Futter und Einstreu für sein Vieh benötigte. So entstanden viele artenreiche Wildblumenwiesen, die ein Drittel unserer heimischen Pflanzenwelt beherbergen. Darunter mehr als 1000 Arten von Blütenpflanzen. Ihr seht: Wiesen sind Schatzkammern der Natur! Lebensräume, in denen auch vielen Tieren Wohnung, Schutz und Nahrung bereitgestellt werden. Und die Anziehungskraft unserer artenreichen Wildblumenwiesen ist riesig: Rund 3500 heimische Tierarten leben in, unter und von ihnen. Darunter krabbelnde und fliegende Insekten, brütende Vögel und neugierige Säugetiere, die nicht nur einmal auf einen Besuch bei ihnen vorbeischauen.

Wie bleibt die Wiese eine Wiese?

Indem sie gemäht wird – denn sonst würden Bäume und Sträucher schnell alles überwachsen und sie wäre recht bald keine Wiese mehr. Naturbelassene Wiesen mäht man aber nicht häufiger als zweimal im Jahr – das erste Mal meist Mitte Juni und das zweite Mal möglichst spät im Jahr Mitte September/Anfang Oktober. Optimal ist natürlich, wenn man Kühe oder Schafe auf der Wiese hat und sie von diesen Tieren beweiden lässt. Die fressen nämlich nie alle Pflanzen auf einmal auf, sondern lassen immer ein paar von ihnen stehen – das ist gut für die Wiesenpflanzen, denn so können sie vollständig ausreifen, also ihre ▸Samen und Früchte bilden. Aus denen dann wieder neue kleine Wiesenpflänzchen heranwachsen können.

Wiesenvögel: Mutig, mutig!

Habt ihr schon mal Vögeln beim Nestbau zugesehen? Es ist so spannend, was sie dabei so alles in ihren kleinen Schnäbeln anschleppen! Von Pflanzenstängeln, Moosen, Gräsern, Blättern, Blüten, ja sogar Federn und Pappe bis hin zu ▸Styropor und Dämmstoffen reicht die große Palette ihrer Baumaterialien. Und kaum ein Vogel nimmt dabei den Schnabel zu voll. Manche Vögel sind sogar noch richtig schlaue kleine Apotheker dazu: Sie kleiden ihre Nester mit aromatisch duftenden Pflanzen aus. Denn die halten gesundheitsschädliche ▸Bakterien, Viren, Würmer, Pilze und viele andere Krankheitserreger fern. Am Schluss der Bauphase wird alles noch weich ausgepolstert, damit die wertvollen Eier nicht gleich kaputtgehen. Und natürlich auch, damit es die kleinen Vogelküken später so richtig warm und gemütlich in ihrem neuen Zuhause haben.

Viele Vögel brüten hoch über euren Köpfen – als sogenannte Freibrüter in napfförmigen, nach oben offenen Nestern oder als Höhlenbrüter in gemütlichen Nisthöhlen. So sind ihre Eier und Küken vor Bodenräubern gut geschützt. Doch es gibt auch Vögel, die direkt in der Wiese brüten. Auf dem Boden, zwischen all den bunten Blumen und dichten Gräsern. Das ist sehr mutig – denn dort drohen viele Gefahren, die es in luftiger Höhe nicht gibt: Überschwemmungen zum Beispiel, wenn es mal ordentlich geregnet hat. Oder Füchse, Marder und andere hungrige Diebe, die ganz genau wissen, wo sie ihren

leeren Magen mit leckeren Eierspeisen oder jungem Frischfleisch füllen können. Gut, dass viele in der Wiese brütende Vögel raffinierte Tricks haben, damit man sie nicht so leicht entdeckt. Die Küken von Feldlerchen etwa tarnen sich so gut, dass man schon ganz nah bei ihnen stehen muss, um sie zwischen all den Pflanzenstängeln zu erkennen. Und damit man sie auch wirklich nicht sieht, rühren sie sich einfach nicht, wenn Gefahr im Anmarsch ist. Dieses Verhalten kann ihnen aber auch zum Verhängnis werden: Denn der Bauer, der mit der Mähmaschine naht, nimmt die Vögel dann leider auch nicht wahr.

Schau, schau, wie schlau ...

Weißstörche haben nicht nur Frösche zum Fressen gern, sondern auch Heuschrecken. Wie kommt man als Storch ohne viel Aufwand an seine eiweißreiche Leibspeise? Man stakst auf seinen langen Beinen einfach einem pflügenden Traktor oder Mähdrescher hinterher. Und schon liegen einem die mundgerechten Happen zu Füßen – und müssen auf der abgeernteten Wiese nur noch aufgepickt werden. Mmmhhh, lecker!

Säugetiere: Unterwegs im Wiesendickicht

Ja, wer wagt sich denn da neugierig aus dem schattigen Wald heraus? Das Reh muss ganz schön vorwitzig sein, wenn es seine schützende Umgebung verlässt, nur um mal kurz in der Wiese vorbeizuschauen. Oder vielleicht auch einfach nur hungrig. Denn ein Reh ist schlau und weiß, dass in der sonnenbeschienenen Wiese die leckeren Pflanzen sehr viel früher wachsen als im dunklen Wald. Ein Abstecher in die Wiese lohnt sich für das Tier also allemal – schließlich kann ihm im hohen Gras, in dem man sich herrlich gut verstecken kann, zur meisten Zeit nicht viel passieren. Doch ganz ungefährlich sind diese Ausflüge nicht. Manchmal können sie sogar lebensgefährlich werden: dann etwa, wenn die Wiese gemäht wird. Jedes Jahr werden viele Rehkitze durch Mähwerke getötet. Um die Jungtiere zu schützen, suchen viele Bauern vor dem Mähen die Wiesen ab. Neuerdings setzt man gelegentlich sogar Drohnen und Wärmebildkameras vor der ersten Mahd ein. Sie spüren die wehrlosen, sich tief ins Gras duckenden Rehkitze sicher auf.

Hirsche und Rehe sind aber nicht die einzigen Säugetiere, die das reiche Nahrungsangebot und die vielen Versteckmöglichkeiten in den Wiesen schätzen. Quirlige Spitz-, Feld- und Schermäuse, flinke Wiesel, putzige Feldhamster und fast blinde Maulwürfe statten Wildwiesen regelmäßige Besuche ab. Oder leben sogar direkt in ihnen. Auch das ein oder andere Wildkaninchen sieht man zwischen den Pflanzen umherhoppeln – oder war es doch ein Feldhase? Das Gehoppel jedenfalls lockt wiederum Füchse an, die am liebsten alles fressen würden, was ihnen vor die scharfen Zähne kommt.

Lange Löffel oder kurze Ohren?

Eigentlich bietet der Feldhase einen einzigartigen Anblick – trotzdem verwechseln ihn viele immer wieder mit dem Wildkaninchen. Dabei ist die Unterscheidung recht einfach: Der Feldhase hoppelt auf sehr großen Hinterbeinen durch die Gegend – und seine Ohren gehören zu den größten Lauschern, die unsere heimische Tierwelt je gesehen hat: Bis zu 14 Zentimeter lang können sie werden.
Also in etwa so lang wie dein Schulfüller oder ein Bleistift. Klar, dass er mit seinen Riesenlöffeln auch besonders gut hören kann. Das können die insgesamt kleineren Wildkaninchen zwar auch, aber mit deutlich kürzeren Ohren.

Ja nicht anfassen!

Im Mai kommen die Rehkitze auf die Welt. Und werden von ihren Müttern erst mal im schützenden Dickicht der Wiesengräser abgelegt. Dort warten die wehrlosen Kleinen die erste Woche oft stundenlang alleine und ins dichte Gras gedrückt, bis ihre Mama wieder zum Säugen kommt. Vor Greifvögeln sind sie mit ihrem Bambi-Tarnkleid mit den vielen Flecken auf dem Fell gut geschützt. Auch gierige Räuber, die ihnen auf dem Boden gefährlich werden könnten, bemerken sie selten, da die Kitze noch keinen eigenen Geruch haben. Deshalb dürft ihr die Jungtiere auch nicht anfassen, solltet ihr mal eines von ihnen im Gras entdecken. Sonst nimmt es euren Geruch an und würde von seiner Mama nicht mehr erkannt und gefüttert werden.
Gleiches gilt auch für Feldhasennachwuchs!

Insekten: Was für ein bunter Zirkus!

Es krabbelt und fliegt, summt und brummt in der Wiese, dass es nur so aus den Ährchen staubt. Das emsige Treiben liegt vor allem an den Insekten. Denn von ihnen gibt es unglaublich viele, die es sich zwischen duftenden Blüten und wogenden Gräsern richtig gemütlich machen könnten – wenn sie nicht jeden Tag damit beschäftigt wären, nicht gefressen zu werden: von Vögeln, Säugetieren, Schlangen, Fröschen und Kröten oder auch von anderen Insekten oder Spinnen. Ein ruhiges Leben haben die kleinen Insekten wahrhaftig nicht, und sie leben meist nicht lange. Diesen Nachteil gleichen sie dadurch aus, dass sie sich in großer Zahl vermehren.

Obwohl viele Insekten so gefährlich leben, sind sie richtig fleißig: Wusstet ihr zum Beispiel, dass Honigbienen für ein Kilogramm Honigausbeute ganze zwei Millionen Blüten besuchen müssen? Dazu steuern sie natürlich auch die leckeren Wiesenblumen, wie etwa Schafgarben, Glockenblumen, Kornblumen, Weißklee und Margeriten an. In einem 500-Gramm-Honigglas aus dem Supermarkt stecken sagenhafte 120 000 Flugkilometer der Bienen – das ist dreimal um die ganze Erde herum!

Viele Arten, viele Geschmäcker

Und was man nicht alles in der Wiese sehen kann: dicke Hummeln und winzige Ameisen, musizierende Zikaden und Heuschrecken, Bienen und Schmetterlinge, Käfer und

Wanzen und Libellen und noch so vieles mehr. Die große Artenvielfalt in der Wiese ist kaum in Zahlen zu fassen. Kein Wunder, gibt es in ihr doch so viele leckere Dinge zu naschen. Gute Futterverwerter sind Insekten nämlich alle. Die Liste ihrer Nahrungsvorlieben ist lang, wählerisch sind sie nicht: Von pflanzlichen Materialien wie Gräsern, Blättern, Früchten, Stängeln, Säften, Rinden und Holz über Pilze und Bakterien bis hin zu wirbellosen Tieren und Wirbeltieren, aber auch Kot, ▸**Kadavern**, Haaren, Papier, Leder, Wachs und anderen Stoffen reicht die Liste auf ihrer Speisekarte.

Tausende kleine Augen

Wenn ihr Insekten schon mal ganz genau angeschaut habt, sind euch sicher ihre großen, kugeligen Augen aufgefallen. Sie heißen Komplexaugen oder auch Facettenaugen und sind aus vielen verschiedenen Einzelaugen zusammengesetzt.
Je nach Art sind es unterschiedlich viele: bei der Stubenfliege 3200, bei der Honigbiene zwischen 3900 (Königin) und 7500 (Drohne) und bei Libellen sogar rund 28 000 pro Facettenauge. Jedes einzelne dieser kleinen Augen erzeugt ein eigenes Bild. Aus den Einzelbildern setzt das Insektengehirn sofort ein Gesamtrasterbild der näheren Umgebung zusammen. Je höher die Zahl der Einzelaugen ist, desto höher aufgelöst ist dann das gesamte Bild.
Habt ihr schon mal versucht, eine Fliege mit der Hand zu fangen? Und euch dann darüber gewundert, dass sie euch fast immer entwischt? Auch daran sind ihre Facettenaugen »schuld«. Denn sie können Bewegungen zeitlich sehr hoch auflösen. Bis zu 330 Lichtblitze pro Sekunde nehmen Fliegen noch als getrennte Einzelbilder wahr – wir Menschen nur maximal 50. Dank ihrer speziellen Augen kommt eure Hand der Fliege also in einer Art Zeitlupe entgegengeflogen.

Die Schmetterlingswiese: das große Flattern!

Ach, wie herrlich lässt es sich in einer Wiese träumen. Und was man hier so alles beobachten kann, wenn man einfach mal alle viere von sich streckt und sich umguckt. Bunte Blumen, die lustig im Wind hin- und herschaukeln. Fleißige Insekten, die überall zwischen den Halmen und Stängeln herumwuseln. Und wenn man sich ganz ruhig verhält, setzt sich einem vielleicht sogar ein hübscher Schmetterling auf die Nase. Huch, wie lustig das kitzelt, wenn er mit seinen zarten Flügelchen wippt! Wenn euch jetzt jemand fragen würde, welche Wiesenbewohner am allerschönsten sind: Was würdet ihr antworten?

Zu unseren ständigen Wiesenbesuchern gehören sehr viele verschiedene Schmetterlingsarten. Je nach ▸Wiesentyp und Blumenarten fliegen andere Falterarten ein und aus. Auch über den Tag verteilt wechseln sich die Schmetterlinge ab: Tagfalter, wie zum Beispiel die hübschen Bläulinge, steuern die Wiese tagsüber an, Nachtfalter wie die großen Schwärmer besuchen sie ab Einbruch der Dunkelheit. Da liegt ihr natürlich schon längst in euren gemütlichen Betten und könnt nicht sehen, wie sie hungrig an den ganz besonderen, nur in der Nacht blühenden Pflanzen naschen.

Admiral

Schwalbenschwanz

Weit gereiste Wanderfalter

Es gibt Schmetterlinge, die kommen von ganz weit her zu Besuch. Aus Südeuropa etwa, wie Admiral, Taubenschwänzchen und Postillon. Nicht ganz so weit hat es der unglaublich hübsche Schwalbenschwanz, der innerhalb Deutschlands einfach dem schönen Wetter hinterherfliegt. Auch Distelfalter wandern jedes Jahr bei uns ein – sie legen den weitesten Weg zurück und reisen bis aus Afrika an. An die 5000 Kilometer legen sie dabei zurück – das ist die weiteste ununterbrochene Reise, die man von Schmetterlingen kennt! Manchmal kommt es zu massenhaften Besucherströmen, in denen bis zu 100 Millionen Falter durch Deutschland fliegen. Könnt ihr euch das vorstellen? Das sind mehr Falter, als in Deutschland Menschen leben! Und wer sie genau anschaut, sieht, dass ihre zarten Flügel oft ganz ausgefranst und abgeflogen sind. Warum tun sie sich diese weite Reise nur an? Ganz einfach: Sie flattern dem Regen hinterher. Denn bei uns und den vielen frischen Pflanzen hier können sich ihre Raupen besser entwickeln als in ihren trockenen Überwinterungsgebieten in Südeuropa und Nordafrika.

Kleine Tiere, langer Rüssel

Wisst ihr, warum Schmetterlinge so lange Rüssel haben? Ganz einfach: Sie kommen damit besser in die Blüten hinein, die sehr lange Kelchschlunde haben. Ohne ihren langen Strohhalm wären sie da völlig aufgeschmissen. Dann müssten sie verhungern, denn nur auf dem Blütengrund wartet der leckere, süße, aufsaugbare ▸**Nektar** auf sie, den sie als Nahrung brauchen.

Echt unterirdisch: Leben im Verborgenen

Knarz! Knirsch! Schepper! Und Kawumm noch mal! Oft geht es im Keller der Wiese zu wie in einem Bergwerk. Es wird gebuddelt und gegraben, gewühlt und gefressen, gewachsen und verdaut, was der Boden hergibt. Manche dieser gruseligen Geräusche kann man sogar hören – das Knirschen von Regenwürmern etwa, wenn sie bei ihrer unermüdlichen Tunnelgraberei ständig Erd- und Sandkörnchen hin- und herschieben. Aber auch Wurzeln von Pflanzen geben Töne von sich, wenn sie wachsen: Sie knacken. Ganz langsam natürlich, aber eindrucksvoll. Gras kann man also durchaus wachsen hören! Natürlich geht das nur mit hochempfindlichen Mikrofonen, mit denen Forscher die feinen Töne überhaupt erst für menschliche Ohren hörbar machen.

Aber eines ist sicher: Wie die Luft und das Wasser ist auch der Boden unter euren Füßen von den Geräuschen unzähliger Lebewesen erfüllt.
Schön warm und feucht ist es da unten. Richtig kuschelig für Millionen von tierischen ▸ Mikroorganismen wie Geißeltierchen, Wurzelfüßer und Wimpertierchen, für Kleintiere wie Rädertiere, Fadenwürmer, Milben und Springschwänze. Und natürlich auch für größere Kleintiere wie Borstenwürmer, Schnecken, Spinnen, Asseln, Vielfüßer, Käfer und deren Larven und Regenwürmer. Ihr werdet es kaum glauben, aber ein Viertel aller irdischen Lebewesen lebt wo? Genau: im Boden!

Natürlich gehören auch Säugetiere wie Wühlmäuse und Maulwürfe dazu, die die meiste Zeit ihres Lebens unterirdisch durch den Boden pflügen. Ächzen und stöhnen hören werdet ihr die fleißigen Maulwürfe aber nicht – denn den unterirdischen Baumeistern fällt ihre Arbeit überhaupt nicht schwer. Schließlich sind sie mit ihren riesigen, schaufelartigen Vorderbeinen perfekt für ihren Job ausgerüstet. Und was dieses Arbeitstier so alles schafft, nötigt jede Menge Respekt ab. Mit seinen kräftigen, mit langen Krallen versehenen Pfoten und Handflächen, die nach außen zeigen, arbeitet sich ein Maulwurf rasend schnell durch die Erde: 20 Zentimeter kommt er pro Minute voran – das sind rund 90 Meter in einer einzigen Nacht!

LIEBE, GIFT UND RAFFINESSE

Heimliche Herrscher und gierige Giftbeißer

Auf dem Wiesenboden geht es spannend zu. Dort wimmelt es nur so von Käfern und Spinnen. Und von den heimlichen Herrschern über die Wiese: Ameisen, die zwischen den Halmen ihre unterirdischen Nester bauen. Vor allem die Gelbe Wiesenameise und die Schwarze Wegameise lieben den Wiesenboden. Das könnt ihr an den Häufchen aus Sand und Erde erkennen, die von den kleinen Krabblern als Nesthügel errichtet werden. Manchmal sind sie von Gras überwachsen und schwer zu erkennen, manchmal um Grashalme herumgebaut, die als Stützen für das Bauwerk dienen, damit es etwas stabiler wird. Und manchmal gibt es auch mehrere Ein- und Ausgänge, aus denen die Ameisen nur so wuseln. Sie beim Jagen auf alles und jeden und beim Heranschleppen von Beute, wie fetten Raupen, zu beobachten, macht riesengroßen Spaß. Die Fracht ist nämlich meistens sehr, sehr viel größer, als die Ameisen selbst es sind – da ist dann gute Teamarbeit gefragt.

Und wie liebevoll sie mit ihrem Nachwuchs umgehen: An sonnigen Tagen holen Ameisen gelegentlich ihre Larven und Puppen nach draußen und breiten ihre wertvolle Kinderschar zum Aufwärmen auf dem Wiesenboden aus. Selbstverständlich allzeit gut von Kindermädchen aus der großen Ameisenarmee bewacht.

Gefährliche Glühwürmchen

In einer warmen Sommernacht Glühwürmchen zu beobachten, ist toll. Es ist so romantisch, wie sich die erwachsenen Leuchtkäfer anblinken, damit sie sich zur Paarung finden. Sie machen das aber nicht nur zur Partnersuche, sondern auch, um Fressfeinde abzuwehren. Denn die wissen genau: Alles was leuchtet, schmeckt nicht! Auch Glühwürmchen schmecken scheußlich. Aber habt ihr gewusst, dass erwachsene Glühwürmchen ohnehin nur drei Wochen leben? Und die meiste Zeit ihres Lebens Jungspunde sind? Drei volle Jahre verbringen Glühwürmchen als Larven. Und die gefräßigen Kerlchen sind ganz schön gefährlich – zumindest für Schnecken. Die sind nämlich ihre Leibspeise. Und jetzt beginnt der Krimi: Wie Detektive verfolgen die gierigen Larven die Schleimspur der Schnecken und töten sie schließlich mit einem Giftbiss. Deshalb tummeln sich die meisten Glühwürmchenlarven auch in feuchten Wiesen. Denn Schnecken brauchen feuchte Lebensräume mit Gras und Kräutern. Wird ihre Umgebung zu trocken, zum Beispiel durch die Klimaerwärmung, verschwinden die Schnecken. Die Glühwürmchenlarven haben dann nichts mehr zu beißen. Das ist auch der Grund dafür, warum es immer weniger Glühwürmchen bei uns gibt.

Tricksen und Täuschen: Wie Blumen an ihre Bestäuber angepasst sind

Während die Gräser in einer Wiese nicht gerade mit Buntheit punkten, blühen die Wildblumen in allen erdenklichen Farben, die der Malkasten der Natur ihnen gibt. Sosehr unsere Augen und Nasen sich darüber auch freuen: Die Blumen machen das nicht für uns. Sie machen das aus reinem Eigennutz – denn mit ihren bunten Farben wollen sie möglichst viele Insekten anlocken. Damit signalisieren sie ihnen: Hier gibt es was zu holen. Nämlich süßen, nahrhaften Nektarsaft. Den brauchen die kleinen Flieger dringend, um Energie zu tanken. Und ganz nebenbei transportieren sie die Pollen – die die männlichen Keimzellen in sich tragen – aus den Staubbeuteln der Blumen von Blüte zu Blüte. Diese sogenannte Bestäubung ist lebenswichtig für die Pflanzen. Schließlich sind sie im Boden festgewachsen und können nicht einfach loslaufen, um sich selbst einen Partner zu suchen, der gemeinsam mit ihnen für Nachwuchs sorgt. Und nur wenn ein Pollenkorn in den Fruchtknoten einer anderen Pflanze gelangt, um dort auf eine weibliche Keimzelle zu treffen, können Früchte mit Samen gebildet werden, aus denen später neue Pflänzchen wachsen.

Zeigt her eure Blütchen

Jede Blumenart hat ihren eigenen Dreh auf Lager, um die Insekten auf sich aufmerksam zu machen. Es gibt nicht nur die Modebewussten, die mit ganz viel Farbe auftrumpfen. Die Farben Blau, Gelb und vor allem Rot locken Tagfalter an, Bienenblüten sind ebenfalls kräftig gefärbt, haben dazu aber für uns Menschen unsichtbare Farbmale im ▸**Ultraviolettbereich**. Fliegenblüten sind meist weißlich, grünlich oder rotbraun gefärbt und duften oft stark. Zum Team »Dufte Typen« gehört auch das **WIESEN-LABKRAUT**, auf das vor allem Hummeln voll abfahren. Es gibt aber auch viele Blütenpflanzen, die nicht ganz so feine Methoden anwenden. Mit List und Tücke wird nicht gegeizt, denn in einer Wiese herrscht ein Konkurrenzkampf um die besten Tierbesucher:

Die **WILDE MÖHRE** zum Beispiel gaukelt durch einen schwarzen Fleck auf ihrer Doldenblüte vor, dass auf ihr bereits eine Fliege sitzt. Da fliegen ihre Artgenossen natürlich sofort hin, denn auch bei ihnen gilt: Wo deine Freunde sind, willst auch du sein!

LANGHORNBIENE

Die **KRONWICKE** und andere zur Familie der Schmetterlingsblütler zählenden Blumen gehören zum Team »Raffinierte Techniker«: Landet ein Fluginsekt auf ihren zusammengewachsenen unteren Blütenblättern, den sogenannten Schiffchen, klappen die Pollen tragenden Staubblätter und der Griffel der Blüte schnell hervor, laden dem Insekt ihre Fracht auf und nehmen ihnen gleichzeitig die mitgebrachten Pollen ab.

»Vorsicht, Falle!«, heißt es bei vielen **WIESEN-ORCHIDEEN**. Ihre Blüten sehen aus wie Insektenweibchen und täuschen den sie bestäubenden Insekten Liebespartner vor. Die liebeshungrigen Männchen fallen auf diesen Trick der Heiratsschwindlerinnen herein und werden bei ihren erfolglosen Begattungsversuchen mit Pollen beklebt – die sie dann, blind vor Liebe, zur nächsten Pflanzenblüte mitnehmen und diese befruchten.

Zum Team »Fluglotsen« gehört zum Beispiel die **HEIDENELKE**. Sie markiert mit speziellen Blütenzeichnungen, sogenannten Saftmalen, Landebahnen für die anfliegenden Insekten – genauso, wie ihr es auch von Flughäfen kennt. Die Saftmale zeigen schon von Weitem, dass es hier leckeren Nektar gibt.

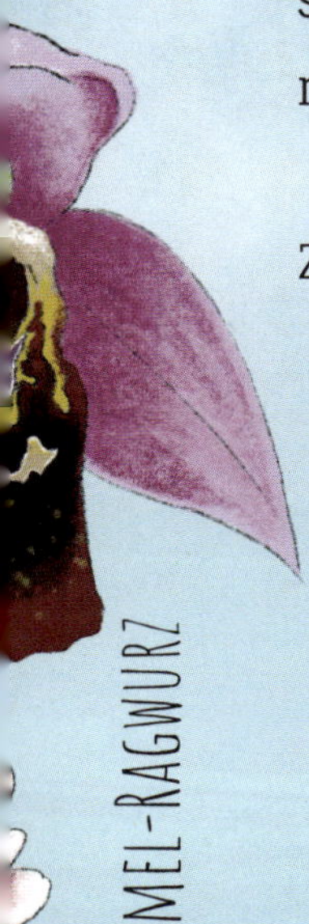

HUMMEL-RAGWURZ

IGELFLIEGE

WILDE MÖHRE

Wir erobern neue Welten: Die Verbreitung der Pflanzensamen

Viele Wiesenblumen leben nur wenige Jahre, manche sogar nur ein einziges Jahr. Dann sind sie verblüht und müssen irgendwie sehen, wie sie den Winter überstehen. Mehrjährige Pflanzen überdauern oft in Form unterirdischer Organe wie Zwiebeln, Knollen und Wurzelausläufern, um im nächsten Frühjahr wieder aus ihnen auszutreiben. Die einjährigen Pflanzen aber müssen Jahr für Jahr aufs Neue dafür sorgen, dass es sie auch im nächsten Jahr wieder geben wird. Dafür bilden sie Samen aus. In denen steckt alles, was ihre Art ausmacht. Um neue Lebensräume zu erobern, machen das auch mehrjährige Pflanzen. Damit verhindern sie, dass ihre Art aussterben würde, wenn ihr Standort kaputtgeht, zum Beispiel weil er bebaut oder unbewohnbar wird. Fallen die Samen auf ein Stück Erde, das ihnen gefällt, keimen sie aus. Doch wie schaffen es die Samen, dass sie nicht nur neben ihre Mutterpflanze plumpsen, sondern in die weite Welt hinauskommen?

Mit Schirmchen, Büchsen und Belohnung

Pflanzensamen können winzig, aber auch riesengroß, leicht oder schwer sein und die verrücktesten Formen oder Anhängsel haben. Ein Anhängsel kennt ihr alle: Die lustigen Fallschirmchen des Löwenzahns. Schon nach wenigen Tagen Blütezeit wird der Löwenzahn zur strahlenden Pusteblume. Ein kleiner Windhauch oder Anpusten genügt, um bis zu 400 Samen pro Blüte durch die Luft schweben zu lassen. Viele Kilometer weit, wenn der Wind schön weht. Auf flugfähige Samen setzt aber nicht nur der Löwenzahn: Auch **WIESEN-PIPPAU** und **WIESEN-BOCKSBART** haben erkannt, wie weit sie diese Technik bringen kann.

FLOCKENBLUMEN und **GÜNSEL** haben ebenso Anhängsel ausgebildet. Allerdings nicht zum Fliegen, sondern um Ameisen anzulocken. Damit die kleinen Krabbler auch wirklich angerannt kommen und sie nach Hause zum Horten in ihr Nest bringen, reichern die Pflanzen viel nahrhaftes Öl, Fette und Zucker in ihren Anhängseln an. Nachdem die Ameisen die leckeren Anhängsel aufgefuttert haben, tragen sie das für sie nun wertlos gewordene Samenkorn wieder aus ihrem Bau heraus und legen es an anderer Stelle ab – wo es, hurra, auskeimen kann!

Mit viel Wind wiederum klappt die Streubüchsentechnik. Sie kann man beim Klatschmohn, beim Taubenkropf-Leimkraut und bei einigen Lichtnelken- und Glockenblumenarten beobachten. Sie alle bilden trockene Samenkapseln aus. Durch eine Öffnung werden wie mit einem Salzstreuer die Samen verstreut – je stärker der Wind weht, desto mehr Samenkörner fallen aus der Kapsel.

Andere Pflanzen wie Wiesensalbei und Braunelle setzen auf den Regen – und darauf, dass die schweren Wassertropfen die Samenkörner aus den Früchten schlagen. Der Wiesen-Storchschnabel schleudert seine Samen gleich selbst mit großer Wucht aus seinen Früchten in die Umgebung – bis zu zwei Meter weit!

Blumen und ihre Bewohner: In einer Blüte ist viel los!

Blüten von Blumen haben viel zu bieten für kleine Tiere wie Insekten und Spinnen. Nicht nur, dass der Vorratsschrank durch sie ständig zum Bersten mit Leckereien gefüllt ist. Nein, sie bieten ihnen mehr als Nahrung im Überfluss: Sie stellen auch warme, gemütliche Schlafplätze, jede Menge Material für den Nestbau und eindrucksvolle Bühnen für Jagdabenteuer bei Tag und Nacht zur Verfügung.

Für ihre Arbeit – den Pollentransport – bekommen die Insekten also meist einen guten Lohn, von Glockenblumen etwa eine freie Übernachtung in ihren Blüten. Wildbienen nehmen dieses verlockende Angebot sehr gerne an. Manchmal findet man sogar mehrere von ihnen eng zusammengekuschelt in einer Blüte. Und zwar nicht nur nachts, sondern auch bei schlechtem Wetter oder wenn es sehr heiß ist. Manche Wildbienen knabbern Material von den Blüten für ihren Nestbau ab. Der Klatschmohn wird ebenfalls verwendet: Mit ihrem flotten Mundwerk schneidet die Mohn-Mauerbiene kleine Stücke aus seinen Blütenblättern und tapeziert damit die Wände ihrer unterirdisch angelegten Neströhren.

Spinnt die, oder was?

Die Krabbenspinne wiederum geht in und auf den Blüten lieber auf die Jagd nach Beutetieren, als es sich gemütlich zu machen. Die spinnt ja! Und in der Tat spinnt sie fleißig, aber anders als viele andere Webspinnen baut sie aus ihrem Faden keine Netze, in denen sich

ihre Opfer verfangen sollen. Sie hat eine andere Technik, um auf Insektenfang zu gehen: Sie jagt ... Hui, das klingt ganz schön gefährlich, oder? Für die ausgesuchte Beute ist es das tatsächlich. Denn die Krabbenspinne ist eine sehr geschickte und heimtückische Ansitzjägerin. Eine, die so gut getarnt auf einer Blüte oder einem Blatt auf der Lauer liegt, dass man sie erst bei ganz genauem Hinschauen erkennt. Ihr Motto lautet: Auflauern, anpirschen und zubeißen. Natürlich lautlos und mit Gift. Auch wenn die Krabbenspinne nur maximal einen Zentimeter groß wird, erwischt sie sogar die viel größeren Honigbienen, Hummeln, Wespen und Fliegen. Die Spinnfäden nutzt sie dabei als Rettungsleine, damit sie bei ihren Sich-auf-die-Beute-stürzen-Abenteuern in schwindelnden Grashalmhöhen nicht abstürzt. Ihren Namen hat sie sich verdient, weil sie mit ihren kräftigen Vorderbeinen rasch seitwärts und rückwärts laufen kann. Wie eine Krabbe eben.

Wie viele Spinnen verstecken sich hier? Schaut genau hin!

In blühenden Wiesen ist vor allem die Veränderliche Krabbenspinne verbreitet. Die Weibchen können ihre Körperfarbe wechseln, je nachdem, auf welcher Blüte sie gerade sitzen. Auf Hahnenfuß sind sie zitronengelb, auf JOHANNISKRAUT auch, auf Margeriten werden sie weißlich, auf anderen Blüten grüngelb bis leicht bräunlich. Das geht natürlich nicht in Sekundenschnelle, sie brauchen dazu schon ein paar Tage. Besser ist's wenn eine Krabbenspinne nach ihrem Farbe-wechsel-dich-Spielchen eine Zeitlang auf der Blüte bleibt und sich dort gemütlich einrichtet. Das macht doch gleich viel weniger Arbeit, als sich ständig dem Anlass entsprechend neu umzuziehen.

Nachts, wenn alles schläft …

… tobt auf der Wiese das wilde Leben. Zumindest in warmen Sommernächten ist das so. Dann herrscht regelrecht Volksfeststimmung zwischen den Halmen und Stängeln. Und es ist so ziemlich alles auf den Beinen, was Rang und Namen hat. Nicht alle nächtlichen Spaziergänger haben dabei friedliche Absichten: Füchse, Igel, Marder und Dachse sind im Schutz der Dunkelheit auf der Suche nach Essbarem. Mäuse und Insekten müssen sich schwer in Acht nehmen, um nicht in ihren hungrigen Mäulern zu landen. Und lautlos huschen Eulen und Fledermäuse über die Wiese. Bei der Beutejagd verlassen sie sich auf ihr tolles Gehör, dem kein noch so leises Rascheln und keine noch so kleine Regung entgeht. Andere Wiesenbewohner jedoch sind in romantischer Stimmung: Grillen zirpen, Glühwürmchen leuchten, Frösche

und Kröten quaken – alles nur, um paarungswillige Partner auf sich aufmerksam zu machen. Doch, halt! Ein paar Wiesenbesucher schlafen tatsächlich. Nicht alle haben es dabei so gemütlich wie manche Wildbienen, die sich in Glockenblumen-Blüten eine wohlig-warme Schlafstätte eingerichtet haben. Manche Wildbienen hängen an Grashalmen und müssen sich an deren Enden festbeißen, damit sie – hoch über dem Boden – vor insektenfressenden Kleinsäugetieren sicher sind. Bequem ist das nicht. Aber was tut man nicht alles für eine ungestörte Nachtruhe!

Wie leuchten Glühwürmchen?

Leuchtkäfer, wie Glühwürmchen eigentlich heißen, verdanken ihre Leuchtkraft einer chemischen Reaktion zwischen zwei Stoffen, die sie in ihrem Körper selbst erzeugen. Dieser Vorgang wird ▸ **Biolumineszenz** genannt. Am Anfang blinken und strahlen sie noch, was das Zeug hält. Doch nach und nach wird das Licht schwächer und schwächer – und nach etwa drei Stunden erlischt das körpereigene Lämpchen. Wer bis dahin sein Partnerglück noch nicht gefunden hat, geht leider leer aus.

Wie orientieren sich Fledermäuse?

Fledermäuse haben riesengroße Ohren. Damit sammeln und orten sie alle Laute, die ihnen entgegenschallen. Und sind dabei selbst sehr laut. Nur, ihr könnt es nicht hören, wie sie regelrecht durch die Nacht brüllen. Denn sie stoßen für uns unhörbare ▸ **Ultraschalllaute** als Ortungsrufe aus. Die werden dann von Gegenständen und Beutetieren zurückgeworfen. Deshalb krachen sie auch nicht an eine Hauswand oder einen Baum, umfliegen alle Hindernisse dieser Welt und bemerken es sofort, wenn sich ein Beutetier vor ihrer Nase befindet – das sie dann zielsicher im Flug schnappen.

Die Wiese im Lauf der Jahreszeiten

Alle Jahre wieder führt die Wildwiese das gleiche Schauspiel auf: Sobald die ersten Blumen im Frühling erscheinen, tanzen auch schon ganz besonders vorwitzige Schmetterlinge über sie hinweg: Zitronenfalter. Sie haben als erwachsene Falter überwintert und stürzen sich nun völlig ausgehungert auf den leckeren Nektar in frühen Blüten – wie die von Wiesen-Schlüsselblumen. Jippie, endlich ist es wieder Frühling! Nun müssen sie viel Kraft und Energie tanken, denn sie müssen rasch Partner finden, um für Falternachwuchs zu sorgen. Natürlich stecken sie auch den ganzen Sommer über ihre langen Schmetterlingsrüssel neugierig in all die bunten Blüten. Vor allem die lilafarbenen lieben sie sehr. Die von Disteln, Roter Lichtnelke und Flockenblumen etwa. Sie nippen hier, schlürfen dort und genießen ihr Leben in vollen Zügen. Bis in den Herbst hinein. Dann wird es kalt in der Wiese. Und mit den letzten warmen, sonnigen Tagen endet auch das fröhliche Geflatter. Ganz trüb und grau ist es dann in der kleinen Wiesenwelt.
Denn auch die Wiesenfarben verändern sich im Lauf des Jahres: Im Frühjahr ist die Wiese noch vom Farbton Grün geprägt. Manchmal schimmert sie hell von den rosabläulichen Blüten des Wiesen-Schaumkrauts. Im Frühsommer blühen die meisten Gräser und Wiesenblumen. Die Wiese wird bunter und bunter. Im Spätsommer prägen braun werdende Stängel der Gräser und viele weiße ▸ **Doldenblütler** das Bild.

Im Herbst überziehen feine Spinnennetze die verbliebenen Wiesengräser. Wie schön sie im morgendlichen Tau glitzern! Ruhig und still wird es im Winter dann in der Wiese. Raureif legt sich über die Gräser, Schnee überzuckert sie. Seht jetzt mal genau hin: Was hat sich da am Stängel eines dürren Grashalms verfangen? Ein gefrorenes Blatt? Nein, es ist ein verschlafener Zitronenfalter, der vom nächsten Frühling träumt! Er hat die Flügel zusammengeklappt und wird die kommenden Monate – starr wie ein Blatt und dadurch gut getarnt – überwintern.

Natürliches Frostschutzmittel

Aber wie funktioniert das? Er macht das in Froststarre, meist hängt er dabei an Grasbüscheln oder harrt in Baumspalten oder im Laub am Boden aus. Um die kalte Zeit zu überstehen, produziert er eine Substanz, die seine Körpersäfte vor dem Gefrieren schützt: das Frostschutzmittel Glycerin. Das kennt ihr, industriell hergestellt, auch aus dem Kühlwasser der Autos. Es hilft ihm, Temperaturen von bis zu minus 20 Grad Celsius zu überstehen!

Wehrhafte Wiesenpflanzen: Spießgesellen, Kratzbürsten und Giftspritzen

»Autsch, was pikst denn hier so?« Wer schon einmal barfuß durch eine Wiese gelaufen ist, hat das bestimmt nicht nur einmal erbost gerufen. Viele Gräser haben nämlich ganz schön scharfe Kanten, an denen man sich heftig schneiden kann. Manche Pflanzen bilden zu ihrer Verteidigung auch Widerhaken, klebrige Haare, spitze Dornen oder Stacheln aus! Das machen sie natürlich nicht, um euch zu ärgern, sondern um sich gefräßige Tiere vom Leib zu halten. Denn bei Gefahr einfach wegzulaufen, kommt als im Boden festgewachsene Pflanze ja nicht infrage. Also schlägt sie tapfer zurück, wenn es freche Hasen oder Kaninchen wagen sollten, an ihren knackigen Blättern und Stängeln zu knabbern. Von Rosen kennt man es ja, dass sie mit ihren Stacheln ziemlich fies stechen können. Und weiche Tiernasen sind da noch weitaus empfindlicher als eure Fußsohlen. Aber halt: Stacheln, hä? Ja, richtig gehört: Rosen haben Stacheln und keine Dornen!

Der kleine Unterschied zwischen Dornen und Stacheln

Aber ist das nicht genau das Gleiche? Nein, ist es nicht, denn Stacheln sind Auswüchse aus den äußeren Schichten von Stängeln, Zweigen oder Stämmen, die nicht durch die Leitungsbahnen mit dem Spross verbunden sind. Sie lassen sich deshalb auch meist leicht abbrechen.

Dornen dagegen sind umgebildete Blätter oder Triebe, die fest mit dem Spross verbunden sind. Sie werden von ihm über Leitungsbahnen mit Wasser und Nährstoffen versorgt. So zum Beispiel bei Disteln, die kratzbürstig in der Mitte der Wiese stehen – und denen man besser nicht ohne Schuhe begegnet!

Achtung, Giftspritzen!

Manche Pflanzenreaktionen auf Angriffe sind noch viel hinterhältiger als Dornen und Stacheln. Denn sie sind auf den ersten Blick unsichtbar. Sie wirken als brennende, manchmal sogar tödliche Gifte. Eine berühmte Giftspritzerin kennt ihr alle: die BRENNNESSEL. Es tut ganz schön weh, wenn man sie berührt. Denn dann brechen ihre Haare ab und spritzen einen schmerzhaften Giftcocktail unter eure Haut.

Auf die zusätzliche Wirkung von Gift setzt auch die mit Dornen bewehrte Wolfsmilch. Sie sondert bei Verletzungen einen ätzenden, stark reizenden Saft ab. Der härtet an der Luft schnell aus – was sich, zusätzlich zu seinen giftigen Inhaltsstoffen, für viele Insekten als tödliche Falle entpuppt.

Noch unendlich viel gefährlicher aber ist der GEFLECKTE SCHIERLING. Er ist sogar eine der giftigsten Pflanzen, die man hierzulande kennt, mit einer sehr dunklen Vergangenheit: Im antiken Griechenland wurde aus ihm ein tödlicher Trank für Hinrichtungen gebraut.

BRENNNESSEL

KARTOFFELROSE

Wiesenrekorde: Schneller, höher, weiter – und vor allem lauter!

Ist die Wiese voll besetzt, geht es in ihr zu wie auf einer Geburtstagsparty: Heuschrecken zirpen, Frösche quaken, Käfer und Hummeln brummen und Vögel zwitschern, was ihre Flügel, Beinchen und Kehlen hergeben. Da kann es dann schon mal etwas lauter werden.

Die erste Geige im Wiesenkonzert spielt dabei die Feldgrille. Wobei – sie ist eher der größte Krachmacher unter den Heuschrecken. So laut wie eine Motorsäge oder ein Rasenmäher klingt ihr lautes Zirpen für sie selbst. Ohrenbetäubend ist das! Damit sie von ihrem eigenen Radau nicht taub wird, schaltet sie während ihres Flügel-Streichkonzerts ihre Ohren einfach auf Pausenmodus. Und wenn sie zwischendurch mal keine Lust auf Zirpen hat, schaltet sie sie wie auf Knopfdruck wieder ein – schließlich will sie ja hören, was ihre Artgenossen ihr zu sagen haben. Andere Heuschrecken sind nicht weniger mitteilungsfreudig. Die Zwitscherschrecke und das Grüne Heupferd etwa stehen der Feldgrille in puncto Lautstärke in nichts nach. Bis zu 200 Meter weit sind sie zu hören. Habt ihr gewusst, dass Heuschrecken auf zwei verschiedene Weisen ihre Laute erzeugen? Langfühlerschrecken wie Laubheuschrecken und Grillen reiben ihre Flügelränder aneinander. Kurzfühlerschrecken wie Feldheuschrecken und Dornschrecken streichen mit ihren Beinchen über die Flügel. Dabei hat jede Heuschrecken-Art ihren eigenen Ton, ihre eigene Melodie und ihren eigenen Rhythmus! Und über allen Bodenmusikanten schmettern Feldlerchen hoch oben in den Lüften unaufhörlich ihre Lieder. Sie halten dabei den Rekord im Dauertrillern: Bis zu sechs Minuten lang kann ein Feldlerchenmännchen ununterbrochen singen, ohne fürs Ein- und Ausatmen eine Pause einzulegen.

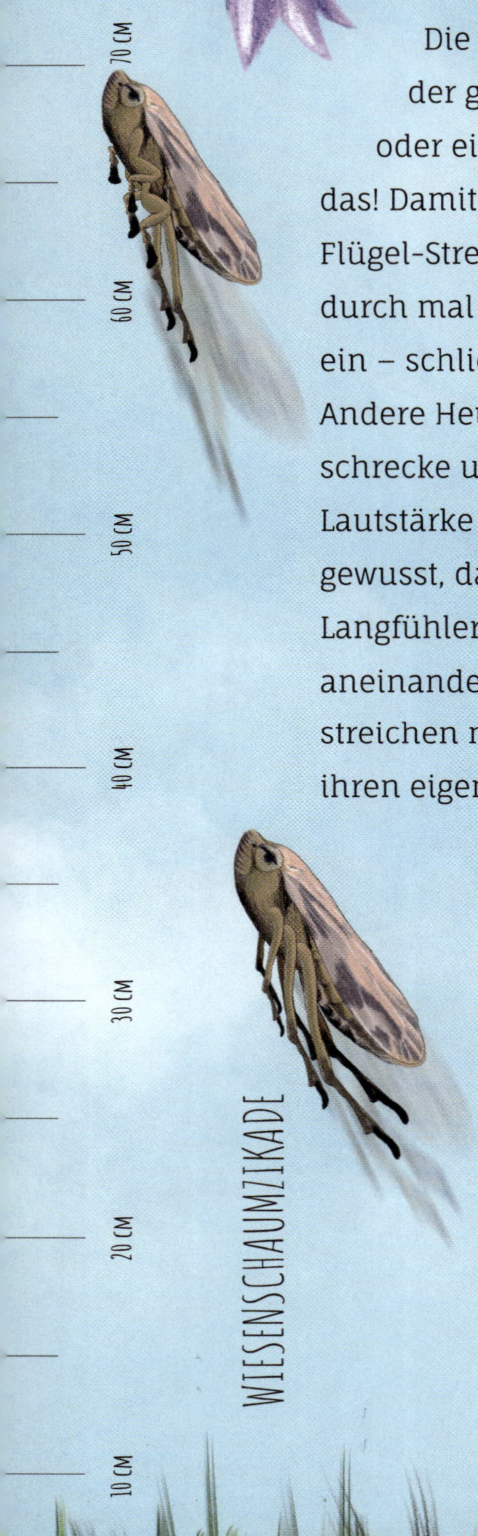

Feldlerche

In einer Wildwiese gibt es aber noch viele weitere Rekordhalter. Den Rekord im Hochsprung etwa hat die Wiesenschaumzikade aufgestellt: Mit einer Sprunghöhe von sagenhaften 70 Zentimetern, das ist das 100-Fache ihrer Körpergröße, hält sie sogar den Weltrekord im gesamten Insektenreich! Wäre das nicht toll, wenn ihr aus dem Stand vergleichbare 140 Meter hoch springen könntet? Damit würdet ihr garantiert jeden olympischen Wettkampf gewinnen!

Aber auf der Wiese geht es nicht nur hoch her, sondern auch schnell zu! Würden Wiesentiere eine Formel-1-Weltmeisterschaft austragen, hätten Taubenschwänzchen die Nase, äh, den Rüssel ganz vorn: In nur sechs Sekunden können die Falter von null auf 70 km/h beschleunigen.

Die Hummel schlägt so schnell mit ihren Flügeln wie kein anderes Insekt: 240 Flügelschläge in der Sekunde bekommt sie hin! Die Muskeln, die sie dafür braucht, kann sie sogar spielen lassen, ohne die Flügel dabei zu bewegen. Dann zittert der Körper der dicken Hummel so sehr, dass auch die Umgebung rhythmisch mitschwingt. Dabei fliegt der Blüte, an die sie sich klammert, vor lauter Mitzittern der Pollen aus den Staubblättern. Und zwar direkt in den Haarpelz der Hummel, die ihn dann vernaschen oder auf andere Blüten zur Bestäubung mitnehmen kann.

Zwitscherschrecke

Feldgrille

Grünes Heupferd

Auch Wiesen brauchen einen Haarschnitt – aber wann?

Eine Wiese braucht am Anfang mindestens zwei bis drei, manchmal auch mehr Jahre, um sich zu entwickeln. Dann erst ist sie in ihrem Pflanzenbestand stabil und verändert sich nicht mehr – vorausgesetzt, man lässt sie in Ruhe, düngt sie nicht und mäht sie nur ein- bis zweimal im Jahr. Tut man das nicht, also düngt zu viel oder mäht zu häufig, kann es recht schnell gehen – und schwups, bricht das ganze hübsche, bunte Ökosystem innerhalb nur eines Jahres wie ein Kartenhaus in sich zusammen. Wie kann das sein?

Ganz einfach: In einer Wiese gibt es sehr enge Wechselbeziehungen. Alles in ihr hängt zusammen – und alles in ihr hängt voneinander ab: die Pflanzen von den Insekten, die sie bestäuben und die für ihren Fortbestand sorgen. Die Insekten von den Pflanzen, die von ihnen Nektar oder – wie bei vielen Schmetterlingen – auch Futter für ihre Raupen bekommen. Die Vögel, Mäuse, ▸ Amphibien, ▸ Reptilien und Fledermäuse wiederum brauchen die Insekten, von denen sie sich ernähren. Und auf sie sind schließlich die Greifvögel angewiesen, auf deren Speiseplan diese Tierchen stehen, und so fort. Außerdem bietet eine Wiese vielen Tieren eine schützende Deckung. All das wird bei einer Mahd bis zum erneuten Nachwachsen der Pflanzen erst einmal völlig zerstört.

WIESENKNOPF

Was passiert ...

... wenn zu spät gemäht wird:

Wenn etwa eine Feuchtwiese das erste Mal später als Mitte Juni gemäht wird, kann eine ganz bestimmte Pflanze in ihr, der Große **WIESENKNOPF**, nicht mehr rechtzeitig bis zur Flugzeit des Wiesenknopf-Ameisenbläulings nachwachsen. Das ist dramatisch – denn nur auf dieser einen einzigen Pflanze balzt der Schmetterling, paart sich und legt seine Eier in ihren Blütenköpfchen ab! Wird die Wiese zu einem falschen Zeitpunkt gemäht, kann er sich also nicht mehr vermehren und überleben.

... zu früh gemäht wird:

Wird die Wiese zu früh gemäht, stört das vor allem die Wiesenbrüter unter den Vögeln. Viele Jungvögel sind noch nicht so weit entwickelt, um aus dem Nest hüpfen zu können, und gehen dann jämmerlich zugrunde. Auch die meisten Rehkitze und Feldhasen bräuchten die Deckung der Wiesenpflanzen noch dringend. Die abgemähten Blüten fehlen zudem den Insekten als Nahrungsquelle, die dann zu verhungern drohen.

... wenn zu oft gemäht wird:

Auch dann würde die Wiese bald ihre Blütenpracht verlieren, denn viele Pflanzen in ihr haben dann nicht genug Zeit, Samen zu bilden und erneut auszukeimen – was bedeutet, dass die Wiese im nächsten Jahr ohne diese Pflanzen dastehen wird. Das wäre doch schade, oder?

WIESENKNOPF-AMEISENBLÄULING

Stickstoff: Zu viel des Guten ...

... ist selten gesund. Das gilt auch für die Düngung von Wiesen. Also für die unnatürliche Zufuhr von Nährstoffen, vor allem von ▸ Stickstoff. Schaut euch mal die Wiesen in eurer Umgebung näher an – denn ob eine Wiese gedüngt wurde, könnt ihr sogar sehen: Wenn euch schon von Weitem LÖWENZAHN, AMPFER, Weißklee, Scharfer Hahnenfuß und Gänsedistel aus einer Wiese entgegenleuchten, sieht das zwar auf den ersten Blick recht hübsch und bunt aus, zeigt euch aber sofort: Diese Wiese ist mit Sicherheit stark gedüngt. Das passiert zum Beispiel dann, wenn Landwirte die Wiese als Heuwiese nutzen, um möglichst viel Futter für ihre Tiere zu erhalten. Und deshalb viel Gülle oder Kunstdünger auf der Wiese ausbringen. Man sagt dann: Die Wiese wird intensiv genutzt.

Wenn viel gedüngt wird, erhöht das zwar die Menge an Pflanzen, die man verfüttern kann. Aber für die Vielfalt an Arten in der Wiese ist die starke Düngung alles andere als gut. Denn der Stickstoff, der im ▸ Dünger enthalten ist, bewirkt, dass manche Pflanzen viel stärker wachsen als andere. Wuchsfreudige Gräser wie Disteln, Ampfer und QUECKEN gewinnen dann schnell die Oberhand. Sie überwuchern die Wiesenblumen, die die zuvor mageren, nährstoffarmen Standorte bevorzugt haben – und verdrängen sie gnadenlos! Das hat natürlich auch Folgen für die Tierwelt: Denn durch den hohen und dichten Wuchs der Pflanzen können viele Wiesenbrüter nicht mehr gut in der Wiese umherlaufen. Außerdem wird die Temperatur auf dem Wiesengrund kühler – klar, es kommen ja nicht mehr so viel Licht und Sonne bis dort hinunter! Was wiederum wärmeliebende Tiere wie Heuschrecken, Zauneidechsen, aber auch Ameisen und andere Tiere, die im Untergrund leben, über kurz oder lang aus der Wiese vertreibt.

Stickstoff kann aber auch über andere Wege in die Wiese gelangen: aus der Industrie, aus alten Heizungsanlagen und den Verbrennungsmotoren von Autos etwa. Die blasen ▸ Stickoxide in die Luft, die – wie der ▸ Ammoniak aus den Düngemitteln der Landwirtschaft – leicht zerfallen. Der Stickstoff daraus rieselt manchmal ganz nah, manchmal aber auch weit entfernt durch Regen, Tau und Nebel auf den Untergrund herab. Trifft er auf eine Wiese, trägt er fleißig zu deren Überdüngung bei. Wind und Regen können Stickstoff aber auch aus gedüngten Ackerflächen in Wiesen verblasen oder abschwemmen. Ihr seht: Eine artenreiche, naturbelassene Wiese ist sehr, sehr vielen Gefahren ausgesetzt!

Faustregel: Düngung erhöht den Futterertrag, macht die Wiese aber arm an Arten!

Je naturbelassener und weniger gedüngt, also je ärmer an Nährstoffen (vor allem Stickstoff) und somit »magerer« eine Wiese ist, desto höher ist ihr Artenreichtum, also die Zahl an verschiedenen Arten in ihr. Und je mehr verschiedene Pflanzenarten in einer Wiese wachsen, desto mehr Tierarten fühlen sich in ihr wohl.

Grün, grüner, am grünsten: Moose in der Wiese

Harken und Zupfen – das ist es, was den meisten Menschen einfällt, wenn sie Moose sehen. Sie könnten ja eine Gefahr für ihren mühsam gepflegten Rasen sein. Also werden sie auf Teufel komm raus ausgerupft und ausgestochen. Ach, wenn sie doch nur alle wüssten, was für wunderbare, kleine Pflanzen Moose sind – auch wenn sie nicht blühen, oft nur wenige Zentimeter hoch werden und man sie fast übersieht. Moose haben keine Wurzeln und nehmen alles, was sie brauchen, aus der Luft und aus dem Regen auf. Wie genügsam sie sind – und wie wichtig für uns alle! Denn wie Schwämme saugen sie Wasser auf, speichern es in ihrem Gewebe und geben es nach und nach wieder an ihre Umgebung ab. Damit halten sie die Wiese mit ihren Gräsern und Blumen lebendig. Vögel können ihre zarten, weichen Stängelchen und Polster wunderbar für den Nestbau nutzen. Außerdem sind Moose Wohnstätte für viele Insekten und Kleinstlebewesen wie Pseudoskorpione, Springschwänze und Bärtierchen. Und: Moose filtern jede Menge Schadstoffe aus der Luft. Mit ihren vielen verschiedenen Grün-, Braun- und Rottönen sind sie dazu auch noch wunderschön anzusehen.

In Wiesen gibt es Moose, die ganz lustige Namen haben: Sparriger Runzelbruder zum Beispiel, oder Spießmoos und Hasenpfötchen. Tannenmoose, die wie kleine, platte Tannenbäumchen aussehen. Und nicht zu vergessen natürlich die Schlafmoose.

Die hat man früher tatsächlich benutzt, um Kissen und Matratzen auszustopfen. Das sorgte nicht nur für weiche Betten, sondern wirkte, wie man heute weiß, auch gegen Pilze, die Hautinfektionen verursachen.

Wenn ihr die Möglichkeit habt, nehmt eine gute Lupe und schaut euch die Moose mal genauer an: Manche Moose auf Steinen in trockenen Wiesen haben silbrig glänzende Glashaare an ihren Blättern. Ihre langen, durchsichtigen Spitzen ▸ reflektieren wie viele kleine Schutzschirme die Sonnenstrahlen und schützen die Pflanze so vor Hitzeschäden. Die Glashaare helfen den Moosen auch dabei, Feuchtigkeit aus Morgentau und Nebel aufzunehmen. In kleinen Tröpfchen läuft es dann bis ins Moospolster. So können die zarten Pflänzchen locker bis zum nächsten erfrischenden Regenguss ausharren. Bei anderen Moosen stehen die Blätter wie gespreizt vom Stängel ab. Wieder andere haben gewellte oder in piksende Spitzen auslaufende Blätter. Einfach nur schön, so ein Moos, oder? Habt ihr gewusst, dass es in Deutschland rund 1000 verschiedene Arten von ihnen gibt? In einer Heuwiese kommen zwar nur wenige von ihnen vor, aber in Trockenwiesen oder Feuchtwiesen gibt es so einige zu entdecken. Ganz toll sind die Torfmoose: Getrocknet können sie das bis zu 30-Fache ihres Gewichts an Wasser aufnehmen! Deshalb wurden sie früher auch als Windeln, Klopapier und Wundverbände benutzt.

Wenn ihr also mal Leute seht, die Moose aus Fugen kratzen oder aus dem Rasen rupfen: Erzählt ihnen, was man mit einer Handvoll Rasenmoos auch machen kann: Wasser zum Blumengießen weich und geschmeidig machen zum Beispiel. Das ist in Gegenden, in denen das Wasser sehr kalkhaltig ist, eine nützliche Sache. Zum Wasserenthärten gibt man einfach eine Handvoll zerriebenes Moos in die Gießkanne mit dem Leitungswasser – und viele Blumen freuen sich.

GANZ SCHÖN VERHEXT: PILZE IN DER WIESE

Was für Hütchen leuchten denn da auf der Wiese? Die waren doch gestern noch nicht da! Tja, in manchen Wiesen kann es tatsächlich passieren, dass über Nacht Pilze aus dem Boden schießen. Manchmal stehen sie sogar im Kreis herum – fast so, als wenn eine Fee sie dort hingezaubert hätte. Tatsächlich nennt man diese kreisförmige Ausbreitung auch Feenringe oder Hexenringe. Im Mittelalter glaubte man nämlich, dass sich im Inneren dieser Kreise nachts Hexen versammelten, um ihre wilden Tänze aufzuführen und allerhand Unfug zu treiben. Beobachtet hat das natürlich niemand, aber ein netter Erklärungsversuch war das allemal. Die Wahrheit ist nicht weniger faszinierend. Pilze leben die meiste Zeit unterirdisch: als feines, spinnwebenartiges Geflecht aus dünnen Fäden, das sogenannte Myzel. Nur um ihre ▸ Sporen zu bilden und zu verstreuen, müssen sie auch über der Erde wachsen. Diese Fruchtkörper sind das, was wir umgangssprachlich Pilz nennen, aber eigentlich sind der Fruchtkörper und das Myzel, das wir nicht sehen können, ein Pilz. Manche Pilze breiten ihr unterirdisches Geflecht strahlenförmig in alle Richtungen aus. Am Ende dieser Strahlen zeigen sich schließlich ihre Fruchtkörper – und so entstehen die kreisförmigen Hexenringe ganz ohne Magie. Und die Kreise können ganz schön groß werden: Bis zu einige Meter, manchmal sogar über 100 Meter im Durchmesser, können sie erreichen!

Fast genauso unglaublich klingt die Zahl, auf die Forscher die Pilzarten schätzen: Über drei Millionen Arten von Pilzen soll es auf der Welt geben – das wären zehnmal mehr Pilzarten, als es Pflanzenarten gibt! Allerdings sind davon bis heute »nur« etwa 120 000 Arten bekannt – der Rest wartet noch auf seine Entdeckung. In Deutschland kennt man bisher rund 14 000 Pilzarten. Einige von ihnen kommen auch in Wiesen vor, Saftlinge etwa. Die sind knallig bunt gefärbt und haben so lustige Namen wie PAPAGEIENSAFTLING oder KIRSCHROTER SAFTLING. Weil sie so schön glänzen und aussehen wie aus buntem Glas, wurden sie früher auch Glasköpfe genannt. Rund 40 verschiedene Saftlingsarten gibt es in Europa. Die Wiesen, in denen sie vorkommen, werden oft als »Saftlingswiesen« bezeichnet. Wie hübsch es aussieht, wenn aus ihnen die knallroten, gelben oder auch grünen Pilzhüte leuchten! Wenn ihr sie seht, könnt ihr euch freuen: Denn dann habt ihr eine nur schwach oder gar nicht gedüngte Wiese vor euch. Nicht selten wachsen darin auch andere Pilze, zum Beispiel Rötlinge, Erdzungen, KORALLEN- UND KEULENPILZE. In Wiesen, die etwas mehr gedüngt werden, findet ihr gelegentlich auch die hübschen Champignons und Tintlinge.

Was ist eigentlich ein Pilz?

Pilze sind weder Tier noch Pflanze. Sie bilden ein ganz eigenständiges Reich von Lebewesen. Es ist gar nicht so lange her, da wurden sie noch zu den Pflanzen gezählt – weil sie genau wie diese an einer Stelle festgewachsen sind und eine stabile Wand um ihre ▸ Zellen haben. Heute weiß man aber, dass Pilze näher mit den Tieren verwandt sind – und sich genauso wie sie ernähren: indem sie bereits vorhandene, fremde ▸ Biomasse abbauen und daraus ihre Energie zum Leben und zum Aufbau ihrer Körper gewinnen. Pflanzen hingegen nutzen dafür das ▸ Chlorophyll in ihren Blättern, mit dessen Hilfe sie aus Sonnenlicht, Luft und Wasser ihre Lebensenergie selbst herstellen können. Diesen Vorgang nennt man Fotosynthese.

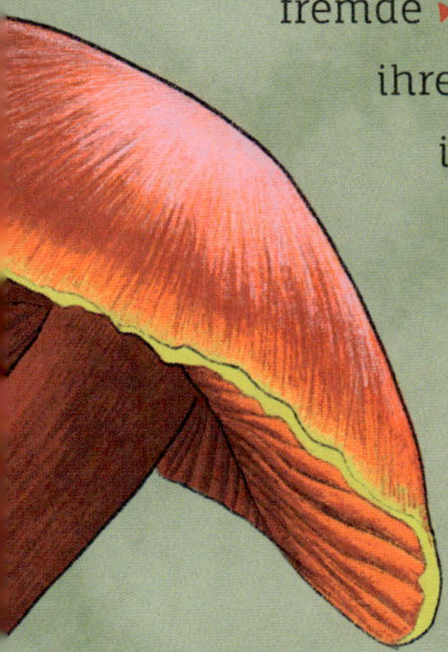

Pflanzliche Superkräfte für schwierige Standorte

Die meisten Wiesenpflanzen haben es leicht: Sie bekommen regelmäßig eine ordentliche Portion Wasser und Sonne vom Himmel spendiert – von beidem nicht zu viel und nicht zu wenig natürlich. Der Boden beliefert sie mit allen Nährstoffen, die sie zum Leben brauchen, und die ganze Welt bewundert sie, weil sie so bunt und schön blühen. Aber was machen die Pflanzen, die in Wiesen wachsen, die an besonders schwierigen Standorten stehen? An Orten, die ständig mit Salzwasser überflutet werden? Oder der Sonne erbarmungslos ausgesetzt sind? Weglaufen? Nö, geht nicht, sie sind ja fest angewachsen. Verzweifeln? Gar nicht erst mal dran denken. Erfindungsreichtum zeigen? Ja, das können sie gut. Viele Pflanzen sind nämlich sehr ideenreich, wenn es darum geht, raffinierte Lösungen zu finden und besondere Herausforderungen zu meistern. Bühne frei für die besten Problemlöser und ihre Tricks:

Mensch, sind die dick!

So schön ein Platz an der Sonne auch ist, irgendwann wird es zu heiß. Pflanzen können sich dann nicht schnell ein schattiges Plätzchen suchen, wie ihr das machen würdet. Stehen sie auf sonnenverwöhnten Gebirgswiesen, Trockenrasen oder steinigen Böden, bleibt ihnen nichts anderes übrig, als sich irgendwie vor der Sonne zu schützen. Sich einen weißen, wolligen Haarfilz wachsen zu lassen, wie es Küchenschelle und Edelweiß machen, ist eine Möglichkeit. Eine andere ist es, Teile des Pflanzenkörpers als Wasserspeicher zu nutzen. Wie das geht? Indem sie Blätter oder Stängel zu dicken, fleischigen Organen

umbilden, in denen sie das Wasser speichern können. Das kennt ihr bestimmt auch von Kakteen, die oft sehr dicke Stämme und Blätter haben und so ihre Trinkflaschen wie in einem Rucksack immer dabeihaben. Gut, Kakteen gibt es in unseren Wiesen natürlich nicht – aber ihre Tricks schon. Zum Beispiel bei der Wolfsmilch, die ganz dicke Blätter hat. Auch Fetthenne und Mauerpfeffer bilden fleischige Blätter aus. Man nennt sie deshalb auch Dickblattgewächse.

Frisch gewachst

Manche Pflanzen an heißen, besonnten Standorten punkten auch mit einer dicken Wachsschicht auf den Blättern, um die Wasserverdunstung zu verringern. Verbreitet ist dieser Trick zum Beispiel beim Scharbockskraut. Pflanzen wie der Thymian haben ihre Blätter zusätzlich auf nadelförmige Miniblättchen verkleinert, um der sengenden Sonne möglichst wenig Angriffsfläche zu bieten.

Ziemlich versalzen

Pflanzen, die an salzhaltigen Standorten leben, müssen das aus der Umgebung aufgenommene Salz schnellstens an Orte verfrachten, an denen es keinen Schaden anrichten kann: Die STRANDGRASNELKE scheidet das aufgenommene Salz durch Drüsen auf ihren Blättern wieder aus. Das LÖFFELKRAUT transportiert das Salz in Blätter und Haare, die bald abfallen werden. Der QUELLER lagert Salz in speziellen Hohlräumen ab, wo es keinen Schaden anrichten kann. Und der ROTSCHWINGEL sorgt gleich richtig vor: Er filtert das Salz in feinsten Wurzelhärchen heraus und nimmt es gar nicht erst auf.

Streuobstwiesen: Paradiese von Menschenhand

»Plop – plop – klock – plop ...« – kennt ihr diese tollen Geräusche, die reife Äpfel machen, wenn sie vom Baum auf eine Wiese fallen? Im Herbst kann man sie in einem ganz bestimmten Wiesentyp besonders oft hören: in den sogenannten Streuobstwiesen. Das sind spezielle, von Menschen gemachte und ohne den Einsatz von Giften genutzte Wiesen, in denen verstreut hochstämmige Obstbäume stehen.

Die Kombination aus Wiese und Obstbäumen macht die Streuobstwiese zu einem Naturparadies, in dem viele Tier- und Pflanzenarten zu Hause sind: Tiere, die in und an den Bäumen leben, wie etwa Siebenschläfer, Fledermäuse und Gartenschläfer, aber auch über 1000 wirbellose Tierarten. Dutzende verschiedene Vogelarten, die nach Futter suchen und in den Bäumen brüten. Unter ihnen auch die hübschen bunten Spechte und viele fröhliche Singvögel. Dazu Tausende verschiedene Insekten- und andere Tierarten, die unter den Bäumen Unterschlupfmöglichkeiten und Nahrung finden. Und natürlich jede Menge Wiesenbesucher, denen das Fallobst prima schmeckt, wie Füchse, Dachse, Wildschweine, Rehe und Igel. Leider zählen Streuobstwiesen heutzutage zu den am meisten gefährdeten Lebensräumen. Dabei sind sie neben ihrem Artenreichtum doch so wichtig für den Obstbau und die Viehwirtschaft. Denn sie liefern vitaminreiches, gesundes Futter für Kühe und Schafe.

Gartenschläfer

Frecher Winzling

Den Siebenschläfer kennt ihr, aber kennt ihr auch seinen kleinen Verwandten, den Gartenschläfer? Der Gartenschläfer liebt Streuobstwiesen! Zwischen April und Mai erwacht er aus seinem langen Winterschlaf. Fast sieben Monate hat er verschlafen – mehr als ein halbes Jahr! Nun hört man nachts sein »Tschu, tschu« – und manchmal auch ein recht lautes Quieken und Pfeifen, wenn er in Paarungsstimmung ist. Leider werden die kleinen Schlafmäuse in ganz Europa immer seltener. Um ihr Überleben zu sichern und viele Daten zu sammeln, haben Naturschützer die »Spurensuche Gartenschläfer« ins Leben gerufen. Wer einen Gartenschläfer sichtet, kann ihnen dies melden unter: www.gartenschlaefer.de.

Na dann, prost!

Erst mal sieht so ein reifer, abgefallener Apfel ganz unschuldig aus, aber in seinem Fruchtfleisch kann sich eine Menge Alkohol angereichert haben. Denn je reifer eine Frucht ist, desto höher ist ihr Gehalt an Zucker. Der wird, wenn die Frucht ein paar Tage in der Sonne liegt, von eingedrungenen Hefepilzen zu Alkohol umgewandelt. Man sagt, der Zucker vergärt zu Alkohol. Solche vergorenen Früchte locken Dachse, Waschbären und andere Säugetiere an. Auch viele Singvögel sind richtig wild auf berauschendes Obst. Amseln und Stare vertragen das gut, ihre Leber baut Alkohol enorm schnell wieder ab. Ihr Gesang klingt dann zwar ein wenig schief – aber wen stört's? Auch Fledermäuse können angetrunken noch munter durch die Nacht fliegen und ihre Beute orten, ohne anzuecken. Bei Ameisen erwacht sogar ein Fürsorgeinstinkt: Sie tragen ihre betrunkenen Artgenossen zurück ins Nest, wo sie ihren Rausch wohlbehütet ausschlafen können. Wohl dem, der solche Freunde hat!

Blühstreifen an Ackerrändern: Wertvolle Miniwiesen

In vielen Jahrzehnten sehr intensiver Ackerbewirtschaftung waren die bunten Blüten von Wildpflanzen leider nicht mehr häufig oder gar nicht mehr zu sehen. Ihr Lebensraum wurde durch den Ackerbau zurückgedrängt, viele von ihnen wären fast ausgestorben. Doch immer mehr Landwirte erkennen, dass Blühstreifen an ihren Ackerrändern wichtig sind, um das Summen und Brummen der Insekten am Leben zu erhalten. Traumhaft ist es, was in diesen Ackerrandstreifen neben den goldgelben Getreidefeldern nun wieder alles wachsen darf: Da blüht knallroter KLATSCHMOHN neben himmelblauen KORNBLUMEN und Wegwarten, prangen gelbe Acker-Senf- und Labkraut-Pflanzen neben weiß und rosa getupften wilden Möhren. Und zwischen ihnen wiegen sich goldgelbe Acker-Ringelblumen, orangefarbener Acker-Gauchheil und viele andere Acker-Wildpflanzen wieder landauf, landab als bunte Kleckse im Sommerwind. Liebe Landwirte: Danke für die Blumen! Wenn ihr erkennt, dass ein Landwirt bei euch zu Hause solche Blühstreifen ausgesät hat, geht doch einfach mal hin und sagt ihm, wie sehr ihr euch darüber freut. Wer weiß, vielleicht motiviert ihn das so sehr, dass er nächstes Jahr wieder genau diese Blumen ansät. Oder euch ein paar Blumensamen schenkt, die ihr dann in einer kleinen Ecke eures Gartens selbst aussäen könnt.

Es gibt Untersuchungen, die zeigen, dass Blühstreifen wichtige Freiluftapotheken für Tiere sind, da auch viele Heilpflanzen in ihnen wachsen. Die halten Feldhasen gesund und stärken ihr Immunsystem.

Manche Vögel polstern sogar vorsorglich ihre Nester mit ihnen aus, damit ihr Nachwuchs vor Bakterien, Viren und Parasiten verschont bleibt. Und nicht zuletzt schaffen Blühflächen, die kaum gemäht werden, auch Lebensräume für Feldhamster. Die Helden der Finsternis leben nämlich fast ausschließlich auf bewirtschafteten Äckern. Und haben eine Leibspeise: frische Mohnblüten. Die werden zum Teil gleich an Ort und Stelle verspeist. Aber auch – den praktischen Hamsterbacken sei Dank – ihrem Nachwuchs vom Einkaufsbummel als vitaminreiches Kraftfutter mitgebracht.

Verkehrsweg und Futterkammer in einem

Klar, so ein Ackerrandstreifen ist oft nur ein Tropfen auf den heißen Stein. Ein künstlich angelegtes Stück Natur. Und damit manchmal auch nicht viel mehr als eine Wiese im Kleinformat oder ein Blumenbeet im Großformat – aber: Er hilft dem Erhalt der Artenvielfalt. Auch der von Tieren. Denn er gibt Rehen und Feldhasen Deckung. Er ist für Schnecken, Insekten und Spitzmäuse und viele andere Wildtiere als verbindender Verkehrsweg zwischen Flächen extrem wichtig. Und vor allem stellt er Nahrung für blütenbesuchende Insekten, für Raupen von Schmetterlingen, für Feldhasen, Kaninchen, Feldhamster und Feldvögel bereit.

ADMIRAL

DA LIEGT WAS IN DER LUFT: WIE DUFTET EINE WIESE?

Vor lauter Staunen, Spielen und Beobachten in der bunten Sommerwiese könnt ihr schon mal aus der Puste kommen. Vergesst vor lauter Begeisterung aber nicht, zwischendurch auch mal gaaanz tief Luft zu holen. Und dabei auf die vielen Gerüche zu achten, die die Blumen und Gräser verströmen. Und wie sie sich, je nach Tageszeit und Wetterlage, verändern: Frisch nach einem Regenguss riecht eine Wiese anders als an einem flirrend heißen Sommertag, im Frühling anders als im Herbst und jung erblüht völlig anders als in frisch gemähtem Zustand. Süß, sauer, salzig, bitter, blumig, honigartig, seifig und vielleicht auch mal nicht ganz so gut. Am allerbesten duftet die Wiese an einem heißen Sommertag. Nämlich so, wie der ganze Tag selbst: luftig und leicht. Lasst euch in die Wiese fallen, genießt die großartigen Eindrücke, reckt die Nasen in die Luft, vertraut euren Riechzellen! Denn die haben ganz schön was drauf, wie Forscher festgestellt haben: 1000 verschiedene Geruchsrezeptoren, also Empfänger für Gerüche, haben sie im menschlichen Erbgut schon entdeckt. Im Lauf der langen Geschichte der Menschheit sind davon zwar fast zwei Drittel abgeschaltet worden. Vermutlich hat sie der Mensch zum Überleben einfach nicht mehr benötigt. Rund 350 ▸ Geruchsrezeptoren sind aber heute noch aktiv. Damit könntet ihr sagenhafte drei Milliarden Düfte unterscheiden! Manche Forscher haben diesen Wert sogar noch nach oben korrigiert und sagen, dass wir eine Billion verschiedene Düfte aus-

einanderhalten könnten. Das ist eine Eins mit 12 Nullen dahinter – unfassbar, oder? Das müsste natürlich gut trainiert werden und würde nicht von heute auf morgen klappen. Aber ihr könnt ja schon mal in der Wiese anfangen, zu üben und euer Riechtalent auszubauen.

Feine Näschen

Nicht nur ihr könnt euch was auf eure Supernasen einbilden. Auch Honigbienen haben einen guten Riecher. Wegen ihres feinen Geruchssinns können Bienen sogar innerhalb weniger Stunden darauf trainiert werden, Drogen, Minensprengstoffe – und ja: sogar Infektionen mit Corona-Viren zu erschnuppern. Letzteres sogar lange bevor die ersten Symptome bei den Menschen auftreten. Auch beim Erkennen von Blumendüften sind sie große Klasse: Forscher haben herausgefunden, dass die kleinen, emsigen Superschnüffler von 1816 angebotenen, vor allem blumigen und fruchtigen Düften sagenhafte 1729 Duftnoten auseinanderhalten können. Rund 60 000 Duftrezeptoren befinden sich dafür in ihren feinen Antennen. Deshalb nutzen Pflanzen nicht nur ihre Blütenfarben, um die flotten Bienen anzulocken, sondern arbeiten verstärkt mit Duftsignalen. Ihr seht, die Wiese riecht nicht für uns allein so gut. Im Gegenteil: Wir spielen für die Wiesenblumen überhaupt keine Rolle, denn sie haben nichts davon, uns zu gefallen.
Das macht aber nichts, wir dürfen ihren guten Duft natürlich trotzdem genießen.

Spannende Wissenschaft: Wie klingt eine Wiese?

Sicher habt ihr es auch schon mal gehört: Eine Wiese gibt Töne von sich – manchmal mehr, manchmal weniger. Man muss nur ganz genau hinhorchen. Da ist das Flüstern des Windes, der durch die Blätter und Blüten streift. Das geheimnisvolle Rascheln am Boden der Wiese und der Gesang der Vögel hoch oben in der Luft. Es knarzt und knistert, schmatzt und tapst um euch herum. Die Bienen summen, die Hummeln brummen, fröhliche Schmetterlinge flattern umher. Und natürlich zirpen und schnarren lauthals jede Menge Heuschrecken – manche bei Tag, manche bei Nacht.
In einer naturbelassenen Wiese ist die Vielfalt an Klängen und Tönen riesengroß. Wird die Wiese aber schlecht behandelt – intensiver genutzt, zu oft gemäht, zu viel gedüngt –, wird es für die Forscher spannend. Denn das kann man auch hören – oder besser gesagt, eben leider nicht mehr! Dann wird es nämlich ganz leise in der Wiese. So leise, dass man oft gar keinen Mucks mehr vernimmt. Zumindest nicht mit den eigenen Ohren. Man kann das aber messen: mit Audiorekordern.

Mit ihnen können die Wissenschaftler die veränderte Geräuschkulisse nachweisen und so zum Beispiel auch das Insektensterben aufzeichnen. ▸Öko**akustik** oder ▸**Soundscape**-Ökologie nennt man das noch junge Forschungsfeld, das solche Veränderungen mit Hochleistungsmikrofonen aufnimmt. Anders als die sogenannte Bioakustik zeichnet sie nicht nur die Stimmen der einzelnen Tierarten auf, sondern auch Klangbilder der Landschaft wie zum Beispiel das Plätschern eines Baches, das Rauschen des Windes oder auch den Verkehrslärm, den wir Menschen machen. Vergleicht man das dann mit Aufnahmen aus früheren Jahren, geben diese Klangbilder recht genaue Berichte darüber ab, wie der momentane Zustand einer Wiese ist. Und machen heutzutage leider viel zu oft deutlich, wie dramatisch der Verlust der Artenvielfalt in ihnen ist.

Pfeifende Gräser und knallende Blüten

Lustige Klänge könnt ihr in der Wiese aber auch selbst erzeugen. Seht nur, so viele Gräser überall – da liegt es doch nahe, auf ihren Blättern ein paar fröhliche Liedchen zu pfeifen. Oder sich mit ihrer Hilfe beim Wandern weithin hörbar miteinander zu verständigen. Das Pfeifen geht ganz einfach, wenn man es einmal draufhat: einfach ein Gräserblatt zwischen die beiden Daumen und Zeigefinger spannen und munter drauflosblasen – und nur ja nicht lockerlassen ...

Für allerhand Sommerspielchen eignet sich auch das Taubenkropf-Leimkraut, das im Juli und August in voller Blüte steht. Sehr ihr die wie kleine, aufgeblasene Ballons wirkenden Blütenköpfe? Zupft ein paar von ihnen ab, haltet die Zipfel oben fest zusammen und schlagt sie – peng! – auf dem Handrücken platt. Was für einen lauten Knall das gibt, wenn sie zerplatzen!

Klappertopf

Warum Pflanzen so heißen, wie sie heißen

Sehr viele Blumennamen entstanden dadurch, dass den Menschen Dinge an den Pflanzen auffielen, die sie an Tiere erinnerten. Sie verglichen dann typische Merkmale, wie etwa Blütenformen, Blütenstände, das Aussehen der Blätter oder die Wuchsformen, mit auffälligen Eigenschaften an tierischen Körpern. Und zwar meistens mit denen von Säugetieren und Vögeln. Aber auch Farben, Geräusche, besondere Eigenschaften, wie zum Beispiel Zittern, Standorte und noch vieles mehr regten die Fantasie der Namensgeber an.

Ganz schön auf Zack, der **LÖWENZAHN**: Keine Angst, er beißt nicht! Er macht mit seinen unregelmäßig gezackten, sägeförmigen Blatträndern nur einen auf mordsgefährlich. Aber seine Zacken sehen tatsächlich ein bisschen wie spitze und ungleich lange Zähne aus, findet ihr nicht auch? Mit etwas Fantasie erinnern die glatt an ein Löwengebiss.

Ganz schön aufgeblasen, das **TAUBENKROPF-LEIMKRAUT**: Mit seinen wie kleine Ballons wirkenden Blüten erinnerte diese Pflanze ihre Namensgeber an den Kropf einer Taube. Manche Leimkräuter tragen oben am Stängel Haare, die klebrige Stoffe abgeben. So wird verhindert, dass gefräßige Insekten an ihnen hochkrabbeln. Das Taubenkropf-Leimkraut hat diese Klebehaare allerdings nicht.

Taubenkropf-Leimkraut

Ganz schön gespalten, der **NATTERNKOPF:** Nattern können zubeißen, sind aber ungiftig. Der Natternkopf kann nicht mal beißen, aber ungiftig ist er ebenso wie sein tierischer Namenspatron. Wenn man sich die Blüte der Pflanze einmal von der Seite anschaut, sieht sie wie ein weit geöffnetes, bedrohliches Schlangenmaul aus. Der Griffel ragt weit aus der Blüte heraus und ist an seinem Ende gespalten. Fast so, wie eine herausgestreckte Schlangenzunge aussieht. Nur zischen, das kann die Pflanze nicht ...

Ganz schön laut, der **KLAPPERTOPF:** Pflanzen, die Laute erzeugen, gibt es wenige bei uns – der hübsche Klappertopf ist eine von ihnen. Denn in den reifen, aufgeblasenen Fruchtkelchen scheppern die Samen beim Schütteln wie kleine Perlen in einer Papiertüte. Deshalb nannte man den Klappertopf früher auch Rassel oder Wiesenklapper. Doch er ist ein hinterhältiger Musikant: Als Halbschmarotzer bestiehlt er seine Pflanzennachbarn. Im Dunkel des Bodens zapft er einfach die Wurzeln anderer Wiesenpflanzen an und zweigt daraus Wasser und Nährsalze für den Eigengebrauch ab. Oben hui und unten pfui, dieser Klappertopf!

Ganz schöner Angeber, der **FUCHSSCHWANZ**. Hier ähnelt der Blütenstand dem buschigen Schwanz eines Rotfuchses. Der Fuchsschwanz ist auch ein gutes Beispiel dafür, dass ein volkstümlicher Pflanzenname oft an zwei Pflanzen auf einmal vergeben wurde. So bezeichnet der Name Fuchsschwanz das Süßgras auf der Wiese ebenso wie ein Amaranthgewächs, das man gerne im Garten hat. Deswegen wird Letzteres heute als Garten-Fuchsschwanz vom Wiesen-Fuchsschwanz abgegrenzt.

Mein erstes Herbarium

Pflanzen für die Ewigkeit

Seit dem Ende des Mittelalters haben viele mutige Forscher weite Reisen unternommen, um die Pflanzenwelt ferner Länder zu erkunden. Doch wie sollten sie die hübschen, fremden Gewächse den Daheimgebliebenen zeigen? Wie sollten sie die Pflanzen mit denen aus ihrer Heimat vergleichen und sie näher beschreiben? Es gab ja noch keine Kameras oder Handys! Und auf dem langen Weg nach Hause wären die meisten Pflanzen verwelkt. Also blieb ihnen nur, die Pflanzen an Ort und Stelle zu zeichnen. Möglichst detailgetreu, möglichst vollständig und möglichst aussagekräftig, versteht sich. Oder sie, durch Trocknung haltbar gemacht, mit nach Hause zu nehmen.

Für Letzteres hat man sogenannte Herbarien angelegt. Ein Herbarium anfertigen, das könnt ihr genauso gut wie die Forscher damals. Beim nächsten Wiesenspaziergang sammelt ihr einfach ein paar Blumen. Zu Hause legt ihr ein Blatt sauberes Papier in ein aufgeschlagenes Buch. Darauf kommt die Blüte mit dem Kopf nach unten. Dann legt ihr ein zweites Blatt sauberes Papier darauf und klappt das Buch zu. Sicher habt ihr in eurem Bücherregal noch ein paar andere Bücher stehen, die ihr als Gewicht auf das Buch mit den Blumen legen könnt, um sie zu pressen. Das lasst ihr dann zwei bis vier Wochen so stehen. Gut ist, wenn ihr das Papier ab und zu auswechselt, damit alles schön trocknen kann. Nach ein paar Wochen nehmt ihr die getrockneten Blumen aus dem Buch und klebt sie – mit wenig Kleber oder Klebestreifen – ganz vorsichtig auf ein Blatt Zeichenpapier.

Vergesst die Beschriftung nicht, damit ihr auch noch später wisst, was ihr wann und wo gesammelt habt. So könnt ihr euch noch viele Jahre später an die Ausflüge erinnern. Seid nicht traurig, wenn die getrockneten Blüten nicht mehr so bunt wie zu ihren Lebzeiten sind – es ist ganz normal, dass sie durch die Trocknung an Farbe verlieren. Umso mehr ein Grund auszuprobieren, ob ihr sie darüber hinaus auch noch zeichnen könnt.

Ein Schatz von unsagbarem Wert

Es gibt ganz schön viele wissenschaftliche Herbarien auf der Welt. Mehr als 300 Millionen getrocknete Pflanzenbelege schlummern in botanischen Instituten und Naturkundemuseen auf der ganzen Welt. Und natürlich auch viele, die private Sammler bei sich zu Hause aufbewahren. Gut auf sie aufzupassen ist eine große Verantwortung für die Forscher. Denn die Pflanzenbelege sind auch für zukünftige wissenschaftliche Untersuchungen unverzichtbar und von unersetzlich hohem Wert.

Kennt ihr den Tabakkäfer?

Besser nicht, denn seine Larven haben eine Leibspeise: getrocknete und gepresste Pflanzen. Wäre ja nicht so schlimm, wenn der behaarte, rotbraune Käfer nicht derart vermehrungsfreudig wäre. Denn so gibt es natürlich sehr viele Larven. Die fressen sich durchs gesamte Pflanzenarchiv, wenn man nicht aufpasst. Lösung: ab in die Tiefkühltruhe mit den getrockneten Pflanzen, einige Wochen lang. Dann sind die Larven erfroren.

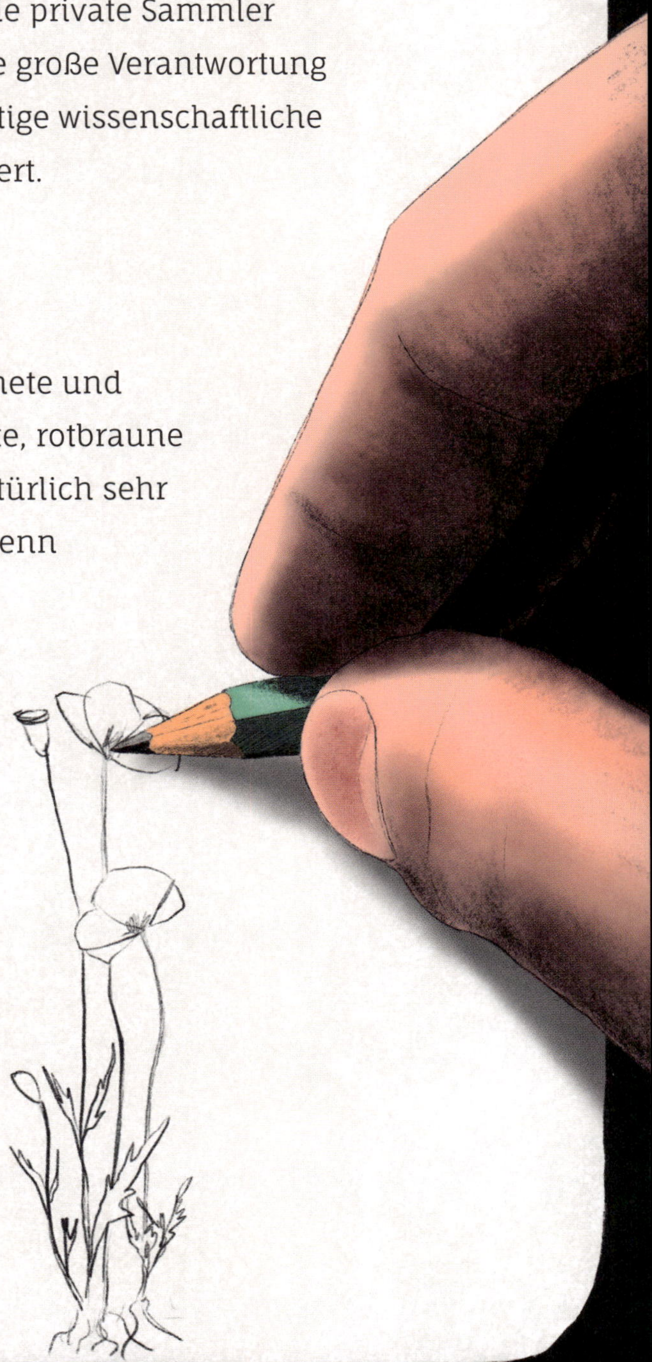

Tolle Wiesen zum Besuchen und Staunen

Es gibt berühmte Berge. Das Matterhorn zum Beispiel, die Zugspitze oder den Mount Everest. Es gibt berühmte Seen wie den Bodensee, die Müritz oder den Chiemsee. Berühmte Meere wie Ost- und Nordsee gibt es natürlich auch. Und berühmte Flüsse wie Donau, Rhein, Elbe, Main und Spree. Aber berühmte Wiesen? Die gibt es doch nicht, oder? Ha, falsch gedacht!

Schachblume

Im Spessart in den Auwiesen am Ufer des Flüsschens Sinn zwischen Wildflecken und Gemünden blühen ab Ende April die Schachblumen. Sie brauchen eine regelmäßige Überschwemmung ihrer Wiesen.

Wildkrokus

Die größte Wildkrokusblüte Süddeutschlands könnt ihr im Schwarzwald bewundern: im Teinachtal bei Zavelstein. Der Wildkrokus wurde vor vielen Jahrhunderten aus dem Mittelmeerraum eingeführt und ist in Deutschland verwildert.

Besenheide

Von August bis Oktober verwandelt die Besenheide die Wiesen der Lüneburger Heide in einen lilafarbenen Blütenteppich. Sie heißt so, weil man aus ihren Zweigen früher tatsächlich Besen hergestellt hat.

Moor-Wollgras

In vielen Moorwiesen, unter anderem auch in der Lüneburger Heide, wiegen sich im Mai und Juni unzählige weiße, federleichte Wattebäusche sanft im Wind. Es sind die langen Hüllfäden der Samenstände des Wollgrases, mit denen die Pflanzen durch den Wind verbreitet werden.

Narzisse

Mit rund sechs Millionen Blüten sind die Narzissenwiesen in der Eifel zwischen Monschau und Hellenthal Deutschlands größte Vorkommen der wilden Narzisse. Ihre Blüten sind fast zweifarbig: Während die röhrenförmige Nebenkrone kräftig gelb leuchtet, sind die eigentlichen Kronblätter nur gelblich weiß gefärbt.

Orchideen

Auf den sonnigen Trockenrasen im Lilienthal am Kaiserstuhl blühen von Mai bis August etwa 20 verschiedene Orchideen-Schönheiten, unter anderem auch Purpur-Knabenkraut und Rotes Waldvögelein. Alle Orchideen in Deutschland sind geschützte Pflanzen – deshalb: nur anschauen, nicht anfassen!

Hasenglöckchen

Bei Hückelhoven gibt es einen verwunschen wirkenden „Wald der blauen Blumen". Auf seinen feuchten Waldwiesen blühen im Mai die Hasenglöckchen. So hübsch sie auch sind: Sie sind leicht giftig!

Wilde Tulpe

In ganz Deutschland gibt es nur eine einzige Tulpenart, die wild vorkommt: die Wald- oder Weinberg-Tulpe. Sie wächst ausschließlich an Standorten, die sehr viel Sonne abbekommen, wie zum Beispiel in den rheinhessischen Weinbergwiesen von Gau-Odernheim.

Stern-Narzisse

Auf den nährstoffarmen, feuchten Bergwiesen im österreichischen Ausseerland zwischen Dachstein und dem Toten Gebirge blühen zwischen Mai und Juni unzählige Stern-Narzissen und verströmen ihre intensiven Blütendüfte.

Märzenbecher

Im Südtiroler Frühlingstal gibt es von Kaltern bis zu den Montiggler Seen ein vom Klima sehr begünstigtes „Tal der Blumen". Hier blühen im März und April die Frühlingsknotenblumen besonders schön um die Wette. Besser kennt ihr sie vermutlich unter dem Namen „Märzenbecher".

Küchenschelle

Auf den Wacholderwiesen im Altmühltal wachsen zahlreiche Küchenschellen. Ihre Sprosse sind mit langen, silbrigen Haaren umhüllt, die sie vor der Sonne schützen. Seidig weich sind sie, was ihr spürt, wenn ihr sanft darüberstreicht. In manchen Gegenden wird sie auch Kuhglocke, Glockenschelle, Silberglocke oder Osterschelle genannt.

Bärlauch

Im Mai und Juni hüllt sein knoblauchartiger „Duft" viele Auwaldwiesen in ein Aroma, das richtig hungrig macht. Schöne Bärlauchwiesen gibt es in der Nordeifel, im Auenwald Leipzig, dem Teutoburger und Thüringer Wald und besonders viele im Süden Deutschlands zu bewundern.

Glossar

Akustik: Die Lehre, die sich mit dem Schall beschäftigt. Schall ist das, was ihr mit den Ohren hören könnt. Also alle Geräusche, die um euch herum ertönen. Zwitschern und Summen etwa, aber auch Musik und Unterhaltungen. Schall besteht aus Schwingungen, die sich in Form von Wellen in der Luft ausbreiten, bis sie auf einen Empfänger, zum Beispiel eure Ohren, treffen.

Ammoniak: Chemische Verbindung aus Stickstoff und Wasserstoff. Er wird unter anderem zur Herstellung von Düngemittel verwendet. Ammoniak wird freigesetzt, wenn sich abgestorbene Pflanzen, tierische Ausscheidungen oder eben der Dünger zersetzen. Dabei entweicht der in ihm gebundene Stickstoff in die Umwelt. Ammoniak wird auch für die Herstellung von Spreng- und Kunststoffen verwendet.

Amphibien: Landwirbeltiere, die sich im Wasser fortpflanzen. Sie werden auch Lurche genannt. Zu ihnen gehören Kröten, Frösche, Molche, Unken und Salamander.

Bakterien: Einzellige Lebewesen. Sie sind die einfachste Lebensform der Erde.

Biolumineszenz: Manche Lebewesen können selbstständig Licht erzeugen – ein paar Quallen, Tiefseefische und Pilze etwa. Und natürlich Glühwürmchen. Das Licht entsteht dadurch, dass zwei Stoffe (Luciferin und Luciferase) miteinander reagieren. Kommt noch ein wenig Sauerstoff, aus dem ein Fünftel der Luft um uns herum besteht und der für uns zum Atmen wichtig ist, und Energie aus den Körperzellen dazu, wird das Licht angeknipst. Diesen chemischen Vorgang nennt man Biolumineszenz.

Biomasse: Die Stoffmasse von Lebewesen.

Chlorophyll: Blattgrün. Natürlicher Farbstoff, den die Pflanzen brauchen, um Fotosynthese betreiben zu können.

Doldenblütler: Bei Blütenpflanzen gibt es verschiedene Familien. Zu den an Arten reichsten Familien zählen Schmetterlingsblütler, Korbblütler und Doldenblütler. Zu den Doldenblütlern gehören etwa die Wilde Möhre, der Wiesen-Kerbel und der Gefleckte Schierling. Sie haben kleine Blüten, die zu Blütenständen vereinigt sind. Erst zu kleinen Döldchen und die wiederum zu größeren, schirmchenförmigen Dolden.

Dünger: Pflanzen brauchen Nährstoffe zum Wachsen. Sind die im Boden verbraucht, werden sie ihnen in Form von Dünger zugeführt. Dünger ist also eine Wuchshilfe, ein Futter für die Pflanzen, damit sie groß und stark werden. Es gibt organischen Dünger aus verrottendem Pflanzenmaterial und Tierausscheidungen und mineralischen, künstlich hergestellten Dünger.

Geruchsrezeptoren: Mit solchen „Empfängern" sind spezielle Sinneszellen, die auf die Aufnahme und Wahrnehmung von Düften spezialisiert sind, ausgestattet. In eurer Nasenschleimhaut befinden sich sehr viele Geruchssinneszellen mit Rezeptoren.

Kadaver: Toter Körper eines Tieres.

Mikroorganismen: Sie sind so klein, dass man sie mit dem bloßen Auge nicht sehen kann, sondern ein Mikroskop dazu braucht. Viele einzellige Lebewesen zählen dazu, wie etwa Bakterien und winzige tierische Lebewesen.

Nektar: Wässrige, zuckerhaltige, süß duftende und nahrhafte Flüssigkeit, die von Blüten gebildet wird, um Insekten anzulocken. Wird auch Blütensaft genannt.

Reflektieren: Wenn ihr einen Ball an eine Mauer werft, prallt der dort ab und kommt zu euch zurück. Genau so passiert es mit Licht- und Schallwellen. Auch sie werden von einem Hindernis, auf das sie treffen, zurückgeworfen. Sie werden reflektiert. Das ist auch der Grund dafür, warum ihr euch im Spiegel seht: Die Lichtwellen treffen auf die verspiegelte Fläche, und die reflektiert das Licht auf die Netzhaut in euren Augen.

Reptilien: Kriechtiere. Eine Klasse von Tieren, die zu den Wirbeltieren gehört. Zu ihnen zählen hierzulande etwa Schildkröten, Eidechsen und Schlangen.

Samen: Verbreitungseinheit von Samenpflanzen. Sie werden meist von einer schützenden Samenschale umhüllt und sehr oft in für Tiere lecker schmeckendes Fruchtfleisch eingebettet (z. B. Beerenfrüchte, Nussfrüchte, Steinfrüchte).

Soundscape: Klanglandschaft. Die Gesamtheit von allem, was in einer Umgebung, in einem Raum oder in einem Ort klingt.

Sporen: Verbreitungseinheit von sogenannten „niederen Pflanzen" wie Moosen, von Pilzen, Flechten und Algen und von einzelligen Lebewesen wie zum Beispiel Bakterien. Ebenso wie die Samen von Blütenpflanzen werden Sporen gebildet, damit sich das Lebewesen mit ihrer Hilfe fortpflanzen kann.

Stickoxide: Verschiedene gasförmige Verbindungen, die aus Stickstoff und Sauerstoff bestehen. Sie entstehen als Abgase bei der Verbrennung von Kohle, Erdgas und Erdöl. Die häufigsten Erzeuger von Stickoxiden sind Industrie- und Heizungsanlagen sowie Auto-, Flugzeug- und Schiffsmotoren.

Stickstoff: Wichtiger Nährstoff für Pflanzen, den sie für ihr Wachstum brauchen. Wo er im Boden nicht genug vorhanden ist, wird er durch organischen Dünger (Stallmist, Pflanzenabfälle) oder mineralischen Dünger (Kunstdünger) zugeführt.

Styropor: Weißes, sehr leichtes Verpackungsmaterial aus Hartschaum. Wird auch zur Dämmung verwendet.

Ultraschalllaute: Für menschliches Gehör nicht wahrnehmbare, hohe Töne. Manche Tiere, wie z. B. Fledermäuse, können sie hören und nutzen sie zur Orientierung. Dazu stoßen sie Laute im Ultraschallbereich aus, die an Hindernissen abprallen. Von diesem Echo können die Tiere auf die Umgebung schließen, in der sie gerade fliegen.

Ultraviolettbereich: Für menschliche Augen nicht sichtbares Licht. Die Ultraviolettstrahlung – abgekürzt UV-Strahlung – hat eine höhere Energie als sichtbares Licht. Sie ist es auch, die auf eurer Haut einen Sonnenbrand verursacht, wenn ihr zu lang der Sonne ausgesetzt wart. Viele Insekten können dieses Licht sehen und steuern Blüten an, die im UV-Licht besondere Färbungen annehmen oder besonders schön leuchten.

Wiesentyp: Jede Wiese ist anders. Wissenschaftler können – je nachdem, welche Pflanzengesellschaften in ihr wachsen und wie der Untergrund beschaffen ist – jede Wiese einer speziellen Form zuordnen. Das ist manchmal gar nicht so einfach, denn allein in Deutschland gibt es rund 60(!) verschiedene Wiesentypen. Die bekanntesten sind Trockenwiesen, Feuchtwiesen, an Nährstoffen arme Magerwiesen und an Nährstoffen reiche Fettwiesen.

Zelle: Die kleinste lebende Einheit eines Körpers. Sie enthält alle Informationen und Grundlagen, die für den Aufbau und die Funktion der einzelnen Zelle und des gesamten Körpers wichtig sind. Sie steuert seine Bewegung, seine Fortpflanzung, sein Wachstum, seinen Stoffwechsel und seine Vererbung.